Zwischen Labor und Gesellschaft

POLITIK UND DEMOKRATIE

Herausgegeben von Helmut Kramer und Eva Kreisky

Band 19

Frankfurt am Main · Berlin · Bern · Bruxelles · New York · Oxford · Wien

Christian Haddad

Zwischen Labor und Gesellschaft

Zur Biopolitik klinischer Forschung am Menschen

PETER LANG
Internationaler Verlag der Wissenschaften

Bibliografische Information der Deutschen Nationalbibliothek
Die Deutsche Nationalbibliothek verzeichnet diese Publikation
in der Deutschen Nationalbibliografie; detaillierte bibliografische
Daten sind im Internet über http://dnb.d-nb.de abrufbar.

Umschlaggestaltung:
Olaf Glöckler, Atelier Platen, Friedberg

Gedruckt mit Förderung des Bundesministeriums
für Wissenschaft und Forschung in Wien.

Logo auf dem Buchumschlag:
Abdruck mit freundlicher Genehmigung
der Universität Wien.

Gedruckt auf alterungsbeständigem,
säurefreiem Papier.

ISSN 1613-706X
ISBN 978-3-631-59402-5
© Peter Lang GmbH
Internationaler Verlag der Wissenschaften
Frankfurt am Main 2010
Alle Rechte vorbehalten.

Das Werk einschließlich aller seiner Teile ist urheberrechtlich
geschützt. Jede Verwertung außerhalb der engen Grenzen des
Urheberrechtsgesetzes ist ohne Zustimmung des Verlages
unzulässig und strafbar. Das gilt insbesondere für
Vervielfältigungen, Übersetzungen, Mikroverfilmungen und die
Einspeicherung und Verarbeitung in elektronischen Systemen.

www.peterlang.de

Vorwort

Die vorliegende Arbeit Christian Haddads unternimmt es, einen frischen Blick auf ein heute zunehmend diskutiertes Thema zu werfen: die Praxis von klinischer Forschung und von Arzneimittelstudien.

Die pharmazeutische Industrie steht heute weltweit unter Druck immer schneller auf sich verändernde Märkte, Herausforderungen, Erwartungslagen und politisch-regulatorische Anforderungen und Konstellationen zu reagieren. Medikamentenstudien kommt hier eine Schlüsselrolle an der Schnittstelle zwischen Forschung und therapeutischem Einsatz der Forschung zu. Die beste und exzellenteste medizinische Forschung sollte in der Anforderung ihrer Finanziers vom Staat bis zur Industrie am Ende nicht nur „top science" produzieren, sondern auch eine Nützlichkeit und Einsetzbarkeit im medizinischen Alltag nach sich ziehen. Dazu kommt, dass heute der molekularen Bio-Medizin ein zentraler Stellenwert im Aufbau der sogenannten „Bio-Economy" zugeschrieben wird, einer Rekonfigurierung der modernen Industrieproduktion und der Ökonomie generell, getrieben von Biotechnologie, Gentechnik, und, allgemeiner, den Life Sciences. Nicht zuletzt übernimmt die moderne Bio-Medizin in der heutigen gesellschaftlichen Imagination eine immer wichtigere Rolle in der Entwicklung von Zukunftsszenarios der Menschheit betreffend etwa Lebenserwartung, neuer Formen der Körperperfektion oder der „maßgeschneiderten" Medizin, die, so die Vorstellung, bald perfekte Therapien für alle anbieten werde.

Diesen Entwicklungen sozialwissenschaftlich-analytisch gerecht zu werden ist das Ziel des vorliegenden Buches. Haddad thematisiert mit Recht die Grenzen des „klassischen" Zugangs zur klinischen Forschung und von Medikamentenstudien aus medizinischer, rechtlicher und ethischer Perspektive. Während diese Sichtweisen sicherlich wertvolle Perspektiven bieten, greifen sie doch zu kurz um klinische Forschung umfassend zu verstehen und zu kontextualisieren. Haddad mobilisiert zu diesem Zweck das theoretische Repertoire der zeitgenössischen biopolitischen Forschung von Foucault bis Agamben mit dem Ziel die heute beobachtbare gesellschaftlich-wissenschaftliche Dynamik der klinischen Forschung im Kontext der globalen Bioökonomie zu erfassen. Beispiele wie der Aktivismus von AIDS Patientengruppen oder die immer stärkere Globalisierung von klinischen Versuchsstudien sind hier interessante Indikatoren einer sich verändernden Landschaft der Praxis der klinischen Forschung und von Arzneimittelstudien.

Haddads Arbeit lässt erkennen, dass ein solides Verständnis von klinischer Forschung und von Medikamentenstudien heute über die „klassischen" Ansätze aus Ethik und Recht hinausgehen muss und so die Möglichkeit erhält, die Konturen einer neuen biopolitischen Ordnung zu identifizieren. Diese neue biopolitische Ordnung befindet sich in einem permanenten Prozess der Veränderung und Rekonfigurierung, und klinische Studien sind ein sehr guter Ort einen reichen Blick auf diesen dynamischen Prozess zu entwickeln.

Univ.-Prof. Dr. Herbert Gottweis,
Universität Wien

Danksagung

Bei der vorliegenden Publikation handelt es sich um eine überarbeitete und stellenweise ergänzte Version meiner Diplomarbeit – lediglich Kapitel 5 wurde von Grund auf erneuert. An der Diplomarbeit habe ich von Oktober 2007 bis Juni 2008 unter der Betreuung von Prof. Herbert Gottweis gearbeitet, die Überarbeitung der Arbeit erfolgte wesentlich im Sommer 2009.

Prof. Herbert Gottweis bin ich für seine auch über diese Arbeit hinausreichende Unterstützung meiner wissenschaftlichen Tätigkeit überaus dankbar.

Ebenso danke ich meinen Eltern für ihre Unterstützung während meines Studiums; meinen Kolleginnen und Kollegen am Institut für viele geistige Anregungen; Prof. Eva Kreisky und Prof. Helmut Kramer, sowie dem Peter-Lang-Verlag für ihre Ermutigung und Hilfe beim Publikationsprozess.

Im Besonderen ist dieses Buch meinem Freund und Kollegen Tobias Roscher gewidmet, in Erinnerung an Lyon und den Anfang unserer Streifzüge durch Wissen, Macht und Biopolitik.

Christian Haddad
Wien, im April 2010

Inhaltsverzeichnis

1 Problematisierung: Biopolitik und klinische Forschung   **11**

1.1 Einleitung und theoretischer Zugang   11

Der biopolitische Januskopf klinischer Forschung 11 • Die Klinik als Zwischen-Raum 15 • Gliederung der Arbeit 16

1.2 Forschungsansatz – Methodologie und theoretische Konzepte   17

Überblick über interpretative Methodologien in der Sozialwissenschaft 17 • Theoretische Grundlagen der Diskursanalyse: Macht, Wissen, Herrschaft 18 • Forschungsansatz und methodische Umsetzung 21

1.3 Das Leben regieren: Noten zu Bio-Macht und Biopolitik   23

Die Geburt der Biopolitik: Der Auftritt der Bevölkerung auf die politische Bühne 24 • Analytik der Bio-Macht und Biopolitik 26 • Das nackte Leben des Homo Sacer 27 • Zwischen Biosozialität und Biokapitalismus 30

2 Klinische Forschung zwischen Ethik, Industrie und politischer Ökonomie   **33**

2.1 Ethik in der klinischen Forschung   33

Zur Genealogie der ethischen Kontrollinstanzen 34 • Medizinethik und Bioethik: Konvergenzen und Abgrenzungen 37 • Autonomie und Einverständnis – Die ethischen Prinzipien klinischer Forschung und ihre Grenzen 39 • Vom Individuum zur Bevölkerung: Die Ethik der öffentlichen Gesundheit 46 • Neue klinisch-ethische Modelle in Zeiten von Genetik und Biobanken? 49 • Zwischen industriellen Erfordernissen und ethischen Ansprüchen? 51

2.2 Überblick über die politische Ökonomie der pharmazeutischen Industrie   52

Pharmaindustrie: zwischen Forschung und Marketing 52 • Entwicklung neuer Produkte 55 • Ökonomisierung und Globalisierung 56 • Die Pharmaindustrie und ihr Verhältnis zum Staat 57

2.3 Vom Labor in die Gesellschaft – der Weg durch die Pipeline   59

Viel versprechende Moleküle: Entdeckung und präklinische Entwicklung neuer Arzneimittel 60 • Klinische Studien an menschlichen Versuchspersonen 62 • Die einzelnen Phasen klinischer Studien 67

3 Europäische Harmonisierung zwischen Anspruch und Wirklichkeit — 73

3.1 Regulierung klinischer Forschung in Europa – ein historischer Überblick und aktuelle Ereignisse — 74

Die Clinical Trials Directive 2001: Ziele und Auswirkungen 75

3.2 Kritik an der CTD aus Industrie und der klinischen Praxis — 78

Kritik von Seiten der Industrie: Harmonisierung noch ausständig? 81 • Kritik von akademischer Wissenschaft 85 • Auswirkungen auf den notfallmedizinischen Bereich 89 • Conclusio: Welche Signatur trägt die europäische Gesetzgebung? 91

4 Grabenkämpfe zwischen Wissenschaft und Moral: sterbende Patienten und die Reform klinischer Studien — 95

4.1 AIDS, Patientenaktivismus und die Reform klinischer Prüfungen — 96

AIDS: eine epidemiologische und virologische Bestandsaufnahme 97 • AIDS-Aktivismus: von Laien/Opfern zu Experten/ Aktivisten 99 • Wenn aus Opfern Experten werden 100 • Ein Paradigmenstreit: die Forderung nach pragmatischen Studiendesigns 104 • Placebokontrollierte klinische Studien: der „Goldstandard", interne Kritik und widerständische Praktiken 108

4.2 Ein Recht auf experimentelle Medikamente? — 111

Der Fall der Kianna Karnes 111 • Ein Recht auf Selbstverteidigung? Der ACCESS Act und seine Kritiker 113 • Grabenkämpfe entlang eines „Rechts auf Selbstexperimentation" 117 • Kritik der Urteilskraft? Statistische Evidenz als notwendige Voraussetzung für eine autonome Entscheidung 118 • Zurück zur Placebo-Kontroverse 121 • Die Unbestimmbarkeit des lebendigen Toten 123

5 Zusammenfassung: Die Transformation biopolitischer Körper — 125

Klinische Befunde 125 • Schlussbemerkung: Biopolitik heute und morgen? 134

6 Quellenverzeichnis — 137

Literaturverzeichnis 137 • Rechtsquellen 151

1

Problematisierung
Biopolitik und klinische Forschung

1.1 Einleitung und theoretischer Zugang

Der biopolitische Januskopf klinischer Forschung

Die vorliegende Arbeit befasst sich mit dem Feld medizinischer Forschung und im Besonderen mit klinischen Medikamentenstudien in Hinblick auf (bio-)politische und sozialwissenschaftlich relevante Fragen. Hierbei stellt sich zunächst die Frage, was dieses Feld biopharmazeutischer Forschung überhaupt als Gegenstand sozialwissenschaftlicher Untersuchung eignet, und was dabei auf dem Spiel steht. Bei klinischen Studien handelt es sich um systematische medizinische Forschungsprogramme, welche die Sicherheit und/oder die Wirksamkeit von Medikamenten, medizinischen Geräten oder Behandlungen an menschlichen Versuchspersonen testen.[1] Wichtig ist, dass klinische Studien für unterschiedliche Akteure und in verschiedenen Kontexten unterschiedliche Zwecke erfüllen, das heißt, dass ihnen eine jeweils andere Bedeutung zukommt. Im medizinischen Kontext bieten sie Ärzten die Gelegenheit, mehr über die von ihnen eingesetzten Medikamente und Verfahren herauszufinden, um ihr medizinisches Wissen zu erweitern und somit eine gute Behandlung ihrer Patien-

---

[1] Die Begriffe klinische Studie, klinische Prüfung und klinische Forschung werden trotz leichter semantischer Variationen, je nachdem in welchem diskursiven Kontext sie erscheinen, in dieser Arbeit synonym verwendet. Die augenscheinliche semantische Neutralität all dieser Ausdrücke scheint verstellen zu wollen, worum es sich hier im Wesentlichen handelt, nämlich um Menschenversuche: Experimente an menschlichen Versuchspersonen.

ten gewährleisten zu können. Im therapeutischen Kontext stellen klinische Studien für Patienten, und besonders im Fall schwerer akuter oder chronischer Krankheiten, welche einer wirksamen Behandlung entbehren, oft die einzige Chance dar, an neue experimentelle Therapien zu gelangen, die anderwärtig nicht erhältlich sind. Und schließlich bedarf die pharmazeutische Industrie stets einer Reihe klinischer Studien, um für ein neues Produkt eine Marktlizenz zu bekommen. Jedes Medikament, das auf den Markt kommt – und sei es nur ein Analogpräparat eines schon genehmigten Wirkstoffes – muss mittels klinischer Studien vor den staatlichen Zulassungsbehörden beweisen, dass es gleichsam ungefährlich wie therapeutisch wirksam ist. Die pharmazeutische Industrie zählt demnach zu den am stärksten regulierten Branchen weltweit (Carpenter 2004). Einerseits ist klinische Forschung stets mit großer Hoffnung auf medizinischen Fortschritt in Form von innovativen Therapien verbunden, die gut verträglich sind, bei möglichst vielen Patienten positive Effekte zeitigen und zudem noch ökonomisch erschwinglich sind. Andererseits hängt auch das Damoklesschwert potentieller Risiken und ungewünschter schwerer Nebenwirkungen über dem Bereich biopharmazeutischer Forschung, da trotz aller Maßnahmen und rigider Kontrollen Skandale wie etwa die Contergan-Katastrophe in den 1960er Jahren nie ganz ausgeschlossen werden können. Staatliche Behörden befinden sich somit immer im Dilemma zwischen einer restriktiven Regulierung klinischer Forschung, welche tendenziell den Fortschritt zu bremsen scheint, und eher lockeren Richtlinien, die mit der Gefahr verbunden sind, die Bevölkerung vor etwaigen schädlichen Wirkstoffen nicht ausreichend schützen zu können.

Eine kritische Analyse dieses komplexen Feldes sozialer Praxis muss, so der Anspruch der vorliegenden Arbeit, die diskursiven Strukturen untersuchen, die das Dispositiv (vgl. Foucault 1983, Deleuze 1991) klinischer Forschung – mitsamt seiner ökonomischen, wissenschaftlichen und (bio-)ethischen Dimensionen – als wesentlich historisch-kontingente Formation ermöglichen und reproduzieren. Es scheint, dass sich hier zwei Narrative über pharmazeutische Forschung und klinische Studien ausmachen lassen, welche die Reaktionen sowohl aus der medialen-öffentlichen Debatte als auch von den beteiligten und betroffenen Akteuren in ein binäres Schema einordnen lassen.[2]

---

2 Beim folgenden Versuch der Darstellung dieser zwei Narrative geht es um eine heuristische Überspitzung und produktive Vereinfachung der Proble-

Das erste Narrativ stellt klinische Forschung in ein kritisches Licht. In den letzten Jahren sei der Druck auf den pharmazeutischen Sektor enorm gestiegen. Einerseits habe die Globalisierung zu einem verschärften internationalen Wettbewerb beigetragen, andererseits trägt auch das bereits hohe Niveau und breite Angebot effektiver Arzneimittel dazu bei, dass es für Firmen schwieriger geworden ist, innovative Produkte zu entwickeln. Seit den 1990er Jahren finden sich zwar Bestrebungen, international anerkannte Standards für die Durchführung klinischer Entwicklung und für Zulassungsverfahren bei staatlichen Behörden zu etablieren. Ziel dieser Initiative unter der Ägide der pharmazeutischen Industrie ist, durch mehr Koordination und Standardisierung die internationale Forschung zu erleichtern und zu beschleunigen, und gleichzeitig die Einhaltung einer „guten klinischen Praxis" bei Menschenversuchen sicherzustellen. Trotz dieser Versuche scheinen sich die Anforderungen für klinische Forschung – und damit die benötigte Zeit, der Kostenaufwand, und die Zahl der benötigten Versuchspersonen pro Studie – in den letzten Jahren rasant vermehrt zu haben. Da jedoch Pharmakonzerne trotz erheblicher staatlicher Förderungen und Unterstützung (vgl. Relmann/Angell 2002) wie in jeder anderen Branche ihren Börsenwert halten oder vielmehr verbessern müssen, herrsche ein gewaltiger „Druck auf die Pipeline", aus der möglichst viele neue und Erfolg versprechende Produkte sprudeln sollten. Das Resultat dieser veränderten Produktionslandschaft ist eine rapide wachsende Zahl klinischer Studien sowie damit einhergehend eine immer größere Nachfrage nach Versuchspersonen (VPs).[3] Im Zuge dessen haben sich auch die Methoden und Praktiken der Rekrutierung von VPs verändert, welche aus einer ethischen Perspektive fragwürdig erscheinen. Spezialisierte *patient recruitment firms* werben mit ihren Fähigkeiten, für pharmazeutische Sponsoren innerhalb kürzester Zeit eine möglichst hohe Zahl von Freiwilligen beschaffen zu können. Zudem lässt sich innerhalb der letzten Jahrzehnte ein Trend bemerken, die pharmazeutische Entwicklung – und damit klinische Forschung – in Länder des globalen Sü-

---

3   matik, um ein Feld sozialwissenschaftlicher Fragen speziell für die vorliegende Untersuchung eröffnen zu können.
Die Zahl der weltweit in Studien eingebundenen Versuchspersonen lässt sich unmöglich präzise schätzen, da die Anzahl der VPs pro Studie und pro Studienphase erheblich abweicht. Laut *Clinicaltrials.gov*, einer öffentlichen Datenbank, welche die meisten *registrierten* Studien anzeigt, liegt die Zahl laufender Studien derzeit bei zirka 64.000. Die Anzahl der VPs weltweit befindet sich wahrscheinlich irgendwo im 8-stelligen Bereich.

dens auszulagern. Zum einen sind dort die Kosten der Durchführung erheblich niedriger, weiters finden sich in diesen Ländern noch eher nicht vorbehandelte, *treatment naive* VPs, und drittens sind die behördlichen Auflagen und ethischen Kontrollen oftmals weniger strikt als beispielsweise in den USA oder der EU. Im Zuge dieser Entwicklungen mehren sich die Stimmen pharmakritischer Beobachter, welche zunehmend die Ausbeutung und Instrumentalisierung menschlicher Versuchspersonen anprangern und die globale Ökonomie „frei verfügbarer" menschlicher Körper, welche zunehmend eine knappe Ressource darstellen, als unmoralisch zurückweisen. In diesem Narrativ wird klinische Forschung im Kontext einer profitorientierten globalen pharmazeutischen Industrie verortet, die tendenziell eine Gefahr für die Gesellschaft darstellt. In diesem Licht erscheinen strenge staatliche oder internationale Regulierungen als notwendig und erwünscht, um einer transnational operierenden neokapitalistischen Ökonomie Schranken zu setzen. Ethik hat hier zur Aufgabe, die enorme Zahl von Versuchspersonen, auf deren Kosten medizinischer Fortschritt für die Gesellschaft erlangt wird, adäquat zu schützen.

Das zweite Narrativ klinischer Forschung ist eines von Verzweiflung und Hoffnung. Auf Grund veränderter wissenschaftlicher, ökonomischer und regulatorischer Gegebenheiten hat sich die Entwicklungsdauer von neuen Medikamenten stark erhöht. Für viele Patienten mit chronischen oder lebensbedrohlichen akuten Leiden stellen diese langen Entwicklungszeiten ein Hindernis dar, an die ersehnten Medikamente zu gelangen. Seit den späten 1970er Jahren haben Patientenorganisationen immer wieder versucht, Druck auf Behörden und Industrie auszuüben, um die Entwicklung und Begutachtungszeiten zu verkürzen. Zudem haben sich neue Formen eines Aktivismus gebildet, indem Zugang zu experimentellen Medikamenten (meist) innerhalb oder außerhalb einer klinischen Studie gefordert wird.[4] Klinische Forschung in diesem Narrativ bedeutet gewissermaßen, um von Clausewitz zu paraphrasieren, eine „Weiterführung der Behandlung mit anderen Mitteln", und stellt vielmehr eine Form patientenzentrierter medizinischer Praxis dar. Strenge Regulierungen klinischer Forschung werden hier oft als ein Hindernis für eine autonome Entscheidung bei der Wahl seiner therapeutischen Optionen wahrgenommen und reflektieren den Paternalismus des medizinisch-staatlichen Establishments.

---

4   Ein zentraler Teil dieser Arbeit, Kapitel 4, beschäftigt sich eingehend mit diesem Phänomen und seinen Ursprüngen im *AIDS treatment activism* der 1980er und 1990er Jahre.

Die Klinik als Zwischen-Raum

Methodologisch gesehen möchte ich in dieser Arbeit klinische Forschung aus einer biopolitischen Perspektive analysieren. Daran anschließende Theoreme wie Biosozialität, Biokapital oder das „nackte Leben" (Rose 2001, Waldby 2002, Agamben 2002, Rose/Novas 2005, Sunder Rajan 2006) sollen helfen, biopolitische Dimensionen im klinischen Bereich zu beleuchten. Dieser erste theoretische Ansatz verschränkt sich mit der Konzeptionalisierung des klinisch-wissenschaftlichen Feldes als Zwischen-Raum, was seinen beweglichen sowie undefinierten Charakter hervorheben soll. Zunächst kann die Klinik als Zwischen-Raum betrachtet werden, weil sie zwischen diversen, teils antagonistischen Akteuren, Interessen und Diskursen quasi „aufgespannt" ist. Akteure und Institutionen, die in dieser Arbeit untersucht werden sollen, sind mitunter die Pharmaindustrie, das medizinische Etablissement, staatliche, nichtstaatliche und suprastaatliche Organisationen, Behörden und Policymaker, Ethikkommissionen, sowie Patientenorganisationen. Das diskursive Feld der Klinik mitsamt seinen Gesetzen und Praktiken erscheint als das Produkt der Machtverhältnisse, die zwischen diesen Akteuren existieren. Und weiters lässt sich der Zwischen-Raum der Klinik in einem paradoxen topologischen Modell wiederfinden: als Zwischen-Raum zwischen dem Labor und der Gesellschaft. Bevor ein Medikament auf den Markt, das heißt „in die Gesellschaft" gelangt, muss es zunächst in der Klinik an Menschen getestet werden. Verwirrung stiftet zusätzlich die semantische Doppeldeutigkeit der Phrase „Ein Medikament geht in die Klinik". Hierbei kann einerseits gemeint sein, dass es zur Anwendung in klinischer Praxis zugelassen wurde oder aber lediglich, dass es nun im Zuge der Entwicklung in klinischen Studien an Menschen getestet wird. Ich orientiere mich an Giorgio Agambens politischer Topologie (Agamben 2002), wenn ich behaupte, dass das Politische an der Klinik darin besteht, eine Zone der Ununterscheidbarkeit zwischen Labor und Gesellschaft, zwischen wissenschaftlicher Forschung und medizinischer Behandlung, zwischen individuellen und kollektiven Forderungen und Eingriffen darzustellen.
Die Verortung in einem solchen biopolitischen Zwischen-Raum bezeugt auch der doppelte Anspruch klinischer Studien: Als rein wissenschaftliche Experimente sind solche Studien lediglich an der Generierung eines biomedizinischen Wissens interessiert, und die in einem solchen Kontext zur Verfügung stehenden Subjektpositionen der Akteure sind jene des Wissenschafters und der Versuchsperson, die sich im konzeptionellen Raum

des Labors treffen. Ganz anders, wenn der primäre Anspruch einer solchen Studie, wie zuvor bemerkt, die „Weiterführung der Behandlung mit anderen Mitteln" ist: Hier finden sich plötzlich andere Subjektpositionen, nämlich Arzt und Patient, in einem anderen diskursiven Kontext, nämlich dem des Spitals oder der ärztlichen Praxis. In der Klinik, so die These, drohen Arzt und Versuchsleiter, Patient und Versuchsperson tendenziell zusammenzufallen. Fragen nach einer möglichen Vereinbarkeit dieser beiden Ansprüche durchziehen, wie ich zeigen werde, die gesamte Geschichte der Ethik klinischer Studien.

Gliederung der Arbeit

Im Folgenden werden der Forschungsansatz expliziert und theoretische Begriffe, auf welche ich im Lauf der Arbeit zurückkommen werde, herausgearbeitet. In Kapitel 2 soll das große Terrain herausgearbeitet werden, das gewissermaßen Text und Kontext klinisch-wissenschaftlicher Forschung bildet. Zuerst gilt es, die Bio- bzw. medizinethischen Diskurse darzustellen und zu untersuchen, welchen Einfluss sie auf die politische Regulierung klinischer Studien ausüben. Danach soll ein Überblick über die globale politische Ökonomie der Pharmaindustrie und ihre Verflechtung mit dem Staat gegeben werden, um die großen wirtschaftlichen und industriellen Strukturen zu erfassen, innerhalb welcher klinische Forschung betrieben wird. Daran anschließend soll auf schematische Weise der „Weg durch die Pipeline" skizziert werden, und die relevanten Praktiken und Verfahrensweisen bei der Planung und Durchführung klinischer Studien beschrieben werden. Im dritten Kapitel soll anhand des Beispiels der Prozesse der internationalen Harmonisierung und im Besonderen innerhalb der Europäischen Union herausgearbeitet werden, welche Spannungen, Konflikte und politische Interessen das *Politikfeld* klinischer Forschung durchziehen. Die 2001 erlassene Clinical-Trials-Richtlinie der EU, ihre Implementierung sowie die Kritik von Seiten zahlreicher Akteure bilden den zentralen empirischen Fokus. Das vierte Kapitel beschäftigt sich mit dem Einfluss von Patientenbewegungen und politischem Aktivismus sowohl auf das wissenschaftliche Selbstverständnis als auch auf regulative Politik im klinisch-medizinischen Feld. Zunächst konzentriert sich das Kapitel auf die AIDS-Epidemie und die Reform klinischer Studien seit den 1980er Jahren und der damit verbundenen Transformation von diskursiven Identitäten und Machtverhältnissen. Danach wird ein aktuelles Fallbeispiel einer Patientenorganisation analysiert, welche ein verfassungsmäßiges Recht auf experimentelle Medikamente einfordert und dabei medizin- und wissenschaftspolitisch brisante Kontroversen veranlasste. In Kapitel 5 soll ein Blick zurück versuchen, die einzelnen Fallbeispiele und „Fluchtlinien" der Arbeit zusammenzufassen, die (bio-)politischen Dimensionen klinischer Forschung skizzieren und ihre Relevanz am Anfang des 21. Jahrhunderts befragen.

1.2 Forschungsansatz – Methodologie und theoretische Konzepte

Überblick über interpretative Methodologien in der Sozialwissenschaft

Bevor *in medias res* gegangen werden kann, gilt es, den der Arbeit zugrunde liegenden Forschungsansatz darzulegen und zu explizieren. Zunächst sei gesagt, dass sich die Arbeit methodologisch im breiten Feld interpretativer Ansätze verortet. Interpretative Methodologien innerhalb der Sozialwissenschaften greifen auf ein breites Spektrum philosophischer Zugänge, welche sich im späten 19. und besonders im 20. Jahrhundert entwickelt haben, zurück. Hermeneutik, Phänomenologie, Ansätze der Kritischen Theorie, sowie der französische Poststrukturalismus, aber auch der Pragmatismus oder der symbolische Interaktionismus gestalteten das Feld, auf dem sich die „interpretative Wende" in den Sozialwissenschaften vollziehen konnte (vgl. Yanow 2007, Gottweis 2006, Fischer/Forester 1993). Doch steht interpretative Politik oder Sozialwissenschaft keinesfalls für einen geeinten Forschungsansatz oder eine bestimmte Theorie von Politik und Gesellschaft, sondern versteht sich vielmehr als eine Kategorie zahlreicher, mitunter auch durchaus unterschiedlicher methodologischer Ansätze, wie etwa der Dekonstruktion, der Diskursanalyse oder ethnographischen Zugängen.

Bei all diesen Ansätzen lassen sich gewisse Gemeinsamkeiten auf ontologischer Ebene erkennen, also der Art, wie Sein und Realität an sich konzipiert wird, sowie auf epistemologischer Ebene, also wie beziehungsweise ob die Forscher sich dieser Realität annähern und Erkenntnis über sie gewinnen können. Im Zentrum der Kritik steht hierbei ein an harten Fakten orientierter Positivismus. Im Gegensatz zu naturwissenschaftlichen Erklärungsversuchen, so die These, muss sich Sozialwissenschaft stärker auf Sprache beziehen und zwar fungiert Sprache „nicht mehr [bloß] als Mittel, dessen man sich bedient [...]. Vielmehr ist sie eine *Wirklichkeit, in der Erkenntnis entsteht*" (Goertz 2001: 13, Hervorhebung d. Verf.). Das bedeutet nun, dass sowohl in Politik als auch in der Politikwissenschaft Sprache eine zentrale strukturierende Funktion ausübt, die wiederum eine rein sachlich-objektive, technokratische Konzeption von Politik verunmöglicht. Politik lässt sich somit als ein fortweilender Kampf um Ideen und Begriffe, das heißt um das *Diskursive*, begreifen. Demnach gibt es auch in einer politikwissenschaftlichen Analyse keine neutralen Fakten: „Facts do not exist independent of interpretative lenses, and they come clothed in words and numbers" (Stone, zitiert in Gottweis 2006: 3). Interpretative Ansätze, so lässt sich für den Moment festhalten, verstehen sich als post-positivistisch, sind anti-essentialistisch begründet, und stellen die Relevanz von Sprache als aktive Realität ins Zentrum der Analyse. Einige Ansätze betonen zusätzlich die Rolle von Emotionen, von Rhetorik und Fantasie für die Analyse gesellschaftlicher Phänomene (vgl. Glynos/Howarth 2007, Gottweis 2006, Mouffe 2006, Stavrakakis 2005).

Theoretische Grundlagen der Diskursanalyse: Macht, Wissen, Herrschaft

Diskursanalytische Modelle innerhalb des sozialwissenschaftlichen theoretischen Spektrums können zum Feld interpretativer Methodologien gezählt werden. Im Zentrum der Analyse stehen die (Re-)Konstruktion von Bedeutungszusammenhängen sowie die Analyse der Möglichkeitsbedingungen der Entstehung und des Abbruchs von Bedeutung (Foucault 1981), wie auch ihr Verhältnis zu gesellschaftlichen Praktiken. Ein Diskurs lässt sich begreifen als

> [...] ein Ensemble von Ideen, Konzepten und Kategorien, mittels derer sozialen und physischen Phänomenen ein Sinn zugeordnet wird und die durch bestimmte Verfahrensweisen produziert und reproduziert werden. (Hajer 2008: 214)

An unterschiedlichen Varianten von Diskurstheorien lässt sich die Gemeinsamkeit feststellen, dass klassisch positivistische Modelle von Wahrheit und Erkenntnis sowie rationalistische Erklärungen von sozialen Phänomenen kritisiert und abgelehnt werden. In diesem Sinne versagt sich Diskursanalyse einem „objektiven Wahrheitsbegriff" und verortet jedes Wissen und jede Bedeutung in einem historisch-kontingenten Feld, welches die Regeln der Entstehung, der Transformation sowie des Verschwindens von Wahrheit, Bedeutung und der damit verbundenen Praktiken strukturiert. Dieser historische Kontext kann mit Foucault als „diskursive Formation" beschrieben werden (Foucault 1981), die zu einer bestimmten Zeit das Sagbare und das Sichtbare – und somit auch das Nicht-Sagbare etc. – innerhalb einer gesellschaftlichen Ordnung konstituiert. Mannigfaltige Diskurse entstehen, prägen und transformieren im Laufe der Zeit dieses Feld der Diskursivität, ohne jedoch notwendigerweise bewusst bzw. subjektiv und von einem Zentrum aus gesteuert zu werden. Foucaults Konzept von Diskurs lässt sich nur in enger Verbindung mit seiner sehr spezifischen Vorstellung von Macht denken, welche intentional, aber nicht subjektiv ihre Strategien verfolgt (vgl. Foucault 1983). Macht sei in Form eines Verhältnisses, der strukturierenden Relation zwischen Subjekten und/oder Objekten, nicht aber als persönliche Qualität – wie beispielsweise bei Max Weber – zu analysieren. „Macht ist etwas, was sich von unzähligen Punkten aus und im Spiel ungleicher und beweglicher Beziehungen vollzieht" (ebd.: 94). Macht und Diskurs hängen somit zusammen: Jene ist demnach immer diskursiv, während sich ein Diskurs hingegen als ein spezifisches Machtsystem beschreiben lässt. Hubert Dreyfus und Paul Rabinow haben das Foucault'sche Konzept von Diskurs mit jenem seriöser Sprechakte der Sprechakttheorie assoziiert (Dreyfus/Rabinow 1994) – und gerade demnach kann ein Diskurs nicht als rein sprachliches Phänomen konzipiert werden, da er stets materielle, performative Effekte zeitigt: Ein Diskurs produziert in systematischer Weise die Dinge, von denen er spricht, als Wissensobjekte, die wiederum auf die Praxis wirken.

Doch es handelt sich bei Diskurstheorie nicht um eine radikal-konstruktivistische Spielart des Idealismus, sondern vielmehr um einen radikalen bzw. semiotischen Materialismus (vgl. Howarth 2000, Gottweis 2003). Denn dass ein Diskurs seine Gegenstände produziert, heißt nicht diesen ihre physische, nicht-diskursive Existenz, sondern bloß jedwede außerdiskursive Bedeutung abzusprechen. Ernesto Laclau und Chantal Mouffe bringen im folgenden Zitat diese Pointe auf den Punkt:

> The fact that every object is constituted as an object of discourse has nothing to do with whether there is a world external to thought, or with the realism/idealism opposition. An earthquake [...] is an event that certainly exists, in the sense that it occurs here and now, independently of my will. But whether their specifity as objects is constructed in terms of „natural phenomena" or „expressions of the wrath of God", depends upon the structuring of a discursive field. What is denied is not that such objects

exist externally to thought, but the rather different assertion that they could constitute themselves as objects outside any discursive condition of emergence. (Laclau/Mouffe 2002: 108)

Bei Diskursen handelt es sich also nicht um bloße Meinungen, Ideen oder Ideologien im üblichen Wortgebrauch, sondern um konkrete Praktiken, welchen insofern eine materielle Dimension zukommt, da sie Handlungsfelder sowie Räume des Sagbaren und Sichtbaren gestalten. Wenn es demnach in der vorliegenden Arbeit darum geht, Diskurse innerhalb des klinisch-biopolitischen Feldes zu isolieren und zu analysieren, dann geht es eben nicht nur darum festzustellen, wie über die Klinik und über Menschenversuche gesprochen wird, sondern darum, wie im Kontext spezifischer gesellschaftlicher Transformationen sich das diskursive Feld klinischer Forschung und das mit diesem untrennbar verbundene Feld der konkreten klinisch-wissenschaftlichen Praxis verändert.

Hierbei ist zu beachten, dass methodologisch nicht davon ausgegangen werden kann, dass es stets ein Diskurs ist, der ein Feld strukturiert. Es mag sein, dass ein spezifischer dominanter Diskurs in einer bestimmten Formation vorzufinden ist, das diskursive Feld wird jedoch von einer Vielzahl unterschiedlicher, mehr oder weniger machtvollere Diskurse strukturiert. Diskursanalyse dient demnach nicht bloß dazu, Diskurse in ihrer Positivität zu beschreiben, sondern auch dazu ihren Einfluss zu bewerten. Damit ein Diskurs an Einfluss bzw. Macht gewinnt, das heißt: damit sich die materiellen Praktiken, die er produziert und reproduziert, als die expliziten oder unbewussten gängigen sozialen Praktiken etablieren, bedarf es diskursiver Machtkämpfe (Glynos/Howarth 2007, Laclau/Mouffe 2002). Maarten Hajer hat zwei Begriffe geprägt, welche eine derartige Analyse erleichtern – Diskursstrukturierung und Diskursinstitutionalisierung:

> *Diskursstrukturation* [sic!] geschieht, sobald ein Diskurs die Art und Weise zu beeinflussen beginnt, wie eine gegebene gesellschaftliche Einheit (ein Politikfeld, eine Firma, eine Gesellschaft – das hängt ganz von der Forschungsfrage ab) die Welt begrifflich erfasst. Wenn ein Diskurs sich zu bestimmten institutionellen Regelungen verdichtet [...] dann sprechen wir von *Diskursinstitutionalisierung*. (Hajer 2008: 218)

In der vorliegenden Arbeit wird davon ausgegangen, dass das Feld klinischer Forschung als ein Feld im Bereich von Bio-Macht von einer großen Anzahl heterogener, teilweise sich gegenseitig ausschließender Diskurse strukturiert wird und ein beständiger Machtkampf um die Institutionalisierung bestimmter Diskurse und ihrer Praktiken zu erkennen ist, an welchem eine begrenzte Anzahl von Akteuren und Institutionen beteiligt ist, die in unterschiedlichen, veränderlichen Koalitionen agieren. Dieser Machtkampf kann als ein Kampf um Hegemonie verstanden werden. Unter *Hegemonie* lässt sich in Anschluss an Antonio Gramsci einerseits das Herrschaftsverhältnis in einer Gesellschaft (oder einem gesellschaftlichen Teilbereich) verstehen, in welchem eine bestimmte soziale Gruppe ihre partikularen Interessen als allgemeines, der gesamten Gesellschaft zuträgliches Interesse setzt, und diese Setzung in der breiten Bevölkerung (oder in der überwiegenden Mehrheit innerhalb des Teilbereichs) akzeptiert wird. Weiters meint Hegemonie auch den strategischen Prozess der Anfechtung und Transformation von gesellschaftlichen/diskursiven Formationen: Hegemonie als „Grammatik des Politischen" (vgl. Laclau/ Mouffe 2002, Torfing 1999).

Forschungsansatz und methodische Umsetzung

Aufgabe der vorliegenden Arbeit ist es, biopolitische Dimensionen klinischer Studien zu skizzieren. Jedoch scheint es aus zahlreichen praktischen wie analytischen Gründen unmöglich, eine quasi globale Theorie klinischer Forschung zu entwickeln, und zwar aus folgenden Gründen. Einerseits erlaubt der Umfang und Rahmen dieses Forschungsvorhabens nicht, einen solchen Versuch zu unternehmen, da es an zeitlichen und finanziellen Mitteln für eine derart umfassende empirische Analyse fehlte. Weitaus gewichtiger sind jedoch die methodisch-analytischen Einwände gegen ein solches Unterfangen. Man könnte mit den Worten spielen und sagen: Klinische Studien gibt es nicht.[5] Allen Gemeinsamkeiten – und der vorangetriebenen Harmonisierung – zum Trotz bleibt jede einzelne Studie stets kontextabhängig. Klinische Studien sind nicht gleich klinische Studien, ihre Ziele, Ansprüche und Durchführung sowie die praktischen Schwierigkeiten, mit denen die beteiligten Akteure konfrontiert werden, und die Bedeutungszuschreibungen und investierten Hoffnungen variieren je nach Kontext: von Land zu Land, je nach Krankheitsbild und Prüfstoff und besonders dahingehend, was Arthur Daemmrich „therapeutische Kultur" einer Gesellschaft genannt hat (vgl. Daemmrich 2004). Es geht also hier im Wesentlichen nicht darum, beispielsweise eine „bio-

---

5   Diese Provokation paraphrasiert natürlich eine poststrukturalistisch fundierte Ontologie, die sich universalistischen Theoriekonzepten und Zuschreibungen verwehrt. Bei Laclau und Mouffe heißt es: *„Die* Gesellschaft gibt es nicht", bei Lacan: *„La* femme n'existe pas" (vgl. Zizek 1998).

politische Theorie klinischer Studien" zu versuchen, sondern eher um eine Kartographie mit mehreren Fluchtlinien (vgl. Deleuze 1991).[6] Das kritische Potential der Untersuchung ergibt sich, so die Hoffnung, aus dem produktiven In-Verbindung-Setzen einzelner Phänomene und Entwicklungen, welches den Grundstein für eine Serie weiterer empirischer und theoretischer Untersuchungen legt. In diesem Sinne versteht sich diese Arbeit quasi als Vorstudie zu einem umfassenden empirischen Forschungsprogramm.

Die vorliegende Arbeit basiert vorwiegend auf Literaturrecherchen und Dokumentanalysen. Die Auswahl und Eingrenzung der Quellen und der Literatur habe ich bis zum Ende der Arbeit offen gelassen, sodass ich bis fast zum Abschluss Informationen gesammelt habe und ebenso das Schreiben der Arbeit einen dynamischen Prozess bildete.

Quellen fand ich vorwiegend in den Print- und Onlinemedien (besonders hilfreich waren für mich die Archive und *news alerts* der *New York Times* sowie von BBC News Online), sowie Policy- und Strategiepapiere diverser Institutionen, diverse Richtlinien sowie PR-Material von Firmen und Organisationen.

Obwohl die Arbeit ohne Interviews mit Schlüsselakteuren auskommt, soll erwähnt sein, dass ich einige persönliche, teilstrukturierte Hintergrundgespräche mit Personen aus dem klinisch-pharmazeutischen Kontext geführt habe (darunter: AGES Pharm Österreich, Novartis Pharma und die European Alliance for Good Clinical Practice). Sekundärquellen fand ich vor allem in wissenschaftlichen Fachzeitschriften, einerseits aus medizinisch-naturwissenschaftlichen Disziplinen, andererseits in sozialwissenschaftlichen Journalen etwa aus dem Bereich der *Science & Technology Studies*, der Wissenschaftssoziologie und der Bioethik sowie in klassisch politikwissenschaftlichen Publikationen.

---

6   Mein Dank gilt hier Ursula Naue, deren frühe Kritik und Anmerkungen zu meinem Konzept sehr hilfreich waren.

1.3 Das Leben regieren: Noten zu Bio-Macht und Biopolitik

Der dieser Arbeit zugrunde liegende theoretische Zugang bildet die Analytik der Biopolitik. Schon wieder Biopolitik? Ist dieses Thema im Rahmen zahlreicher Publikationen von Seminararbeiten bis hin zu Dissertationen nicht schon zur Genüge behandelt worden? Es mag sein, dass Foucaults Konzeption des Auftretens des Objektes „Bevölkerung" auf der politischen Bühne der Regierung sowie das Charakteristikum der Bio-Macht als Diktum „Mache Leben, lasse sterben" zum Gemeinplatz innerhalb der sozialwissenschaftlichen Theoriebildung geworden ist. Gegenwärtig lässt sich sogar belegen, dass der Begriff inflationär zur Beschreibung für eine Vielzahl unterschiedlichster Phänomene verwendet wird. Wie Thomas Lemke bemerkt, wird

> Biopolitik [...] zunehmend als ein neutraler Terminus oder als eine allgemeine Kategorie gebraucht, um die sozialen und politischen Folgen biotechnologischer Interventionen zusammenzufassen. (Lemke 2007: 77)

Oft scheint dabei missachtet zu werden, dass dezidiert biopolitische Phänomene und Diskurse nicht unbedingt oder ausschließlich biologisch im Sinne der biowissenschaftlichen Disziplin sein müssen und dass sich dezidiert biopolitische Strategien in verschiedensten Bereichen und innerhalb unterschiedlichster Politikfelder abspielen können. Demnach sind neben biologischen auch demographische, ökologische oder soziologische Diskurse potentielle Bestandteile biopolitischer Kalküle und Interventionen (Rabinow/Rose 2006). Jedoch haben die in den letzten Jahren beobachteten Entwicklungen und Transformationen innerhalb der Biologie und Biomedizin die Rolle des (bloßen, biologischen, molekularen) Lebens innerhalb der politischen Kalküle eher verstärkt und die Beschäftigung mit Biopolitik hat sich in der heutigen Forschungslandschaft immer stärker auf das Feld des Labors und der Klinik verlagert: Genomik, Stammzellforschung, künstliche Befruchtung, Biobanken, genetische Diagnostik und Beratung und eine Reihe ähnlicher Phänomene bilden mitunter das Feld der „neuen Biopolitik". Es erscheint plausibel, dass sich an den wissenschaftlichen und strategischen Prozessen, welche auf das biologische Leben selbst zielen, um es von innen heraus zu gestalten, zu verändern und zu verbessern, eine andere, neue biopolitische Qualität feststellen lässt, die sich vor einigen Jahrzehnten lediglich dem Bereich der Fantasie und Sciencefiction zugesprochen wurde. Auf Grund dessen bieten Konzepte wie Bio-Macht und Biopolitik die Möglichkeit der Erfassung einer Vielzahl gesellschaftlicher Phänomene und haben analytisches Potential. Im Folgenden gilt es, wesentliche und für diese Arbeit relevante Kernpunkte verschiedener konzeptioneller Zugänge zu Bio-Macht und Biopolitik zu skizzieren.

Die Geburt der Biopolitik: Der Auftritt der Bevölkerung auf die politische Bühne

Michel Foucault hat in seinen Studien zu Macht und Regierung den Begriff der Bio-Macht geprägt, welche er dem der souveränen Macht entgegensetzt. Das Auftreten der Bio-Macht markiert eine Zäsur innerhalb des Politischen zu Beginn der Moderne und lenkt somit die Aufmerksamkeit auf den diskontinuierlichen Charakter gesellschaftlich-politischer Rationalität (vgl. Lemke 2007). Genauer gesagt beschreibt Foucault den Übergang von der Souveränität zur Bio-Macht als eine Transformation, die mit dem 17. Jahrhundert begann und bis ins 19. Jahrhundert reichte, einer Zeit, in der aus einem Ensemble sozialer und ökonomischer Veränderungen – Bevölkerungsexplosion, Industrialisierung, Geburt der modernen Wissenschaft vom Menschen, um einige zu nennen – plötzlich ein neues Subjekt auf die politische Bühne tritt:

> Es ist ein neuer Körper: ein multipler Körper mit zahlreichen Köpfen, der, wenn nicht unendlich, zumindest nicht zwangsläufig zählbar ist. Es geht um das Konzept der „Bevölkerung". Die Bio-Politik hat es mit der Bevölkerung, mit der Bevölkerung als politischem Problem, als zugleich wissenschaftlichem und politischem Problem, als biologischem und Machtproblem zu tun. (Foucault 1999: 289)

Es handelt sich um die Bevölkerung als einen dynamischen, komplexen Körper, mit eigenen spezifischen Gesetzmäßigkeiten. Im Zeitalter der Souveränität bestand der Anspruch des Herrschers darin, kraft seiner Autorität und Zwangsgewalt ein Territorium zu beherrschen und dieses mitsamt dem ihm zugehörigen Volk auszubeuten. Die Ära der Bio-Macht ist im Gegensatz dazu nicht mit dem Begriffspaar „Territorium/Abschöpfung", sondern vielmehr als „Bevölkerung/Nutzbarmachung" gekennzeichnet. Ging es dem klassischen Souverän darum, seine Macht durch sein Recht zu töten oder Leben zu gewähren auszuspielen, so operiert Bio-Macht auf genau umgekehrtem Wege: „Leben machen und sterben lassen" lautet die Formel der Bio-Macht (vgl. Foucault 1983, 1999), woraus aber nicht geschlossen werden kann, dass im Zeitalter der Bio-Macht das Töten aus dem Bereich des Politischen verbannt wird. Charakteristisch für diese neue Macht über das Leben ist, dass sie nicht abschöpfend, sondern produktiv ist: Im Wesentlichen geht es darum, das Leben zu hegen, zu pflegen und zu kultivieren, es zu stärken und zu verbessern, um es schließlich nutzbar zu machen. Es wundert nicht, dass Foucault „Bio-Macht als ein unerlässliches Element bei der Entwicklung des Kapitalismus" bezeichnet (Foucault 1983: 136) und dass er später seine Studien zur Biopolitik an eine Genealogie des Liberalismus koppelt (Foucault 2006). Biopolitik, eine zentrale Strategie der Bio-Macht (vgl. Buchstein/Beier 2004)[7], zielt demnach auf die natürlichen Prozesse des Lebens, um die Bevölkerung zu Regulieren: Die Kontrolle der Geburten- und Sterberaten, Durchsetzung hygienischer Maßnahmen, Eindämmung endemischer Krankheiten sowie die Steuerung der Qualität und Quantität der Reproduktion werden zu den vorzüglichsten Aufgaben des gouvernementalisierten Staates (Lemke 1997, Rabinow/Rose 2006). Im grundlegenden fünften Kapitel von *Der Wille zum Wissen* nähert sich Foucault einer historischen und analytischen Bestimmung dieser Ära der Bio-Macht, die den „Eintritt des Lebens in die Geschichte" darstellt:

> Der abendländische Mensch lernt allmählich, was es ist, eine lebende Spezies in einer lebenden Welt zu sein, einen Körper zu haben sowie Existenzbedingungen, Lebenserwartungen, eine individuelle und kollektive Gesundheit, die man modifizieren, und einen Raum, in dem man sie optimal verteilen kann. Zum ersten Mal in der Geschichte reflektiert sich das Biologische im Politischen. [...] [Man müsste] von „Bio-Politik" sprechen, um den Eintritt des Lebens und seiner Mechanismen in den Bereich der bewussten Kalküle und die Verwandlung des Macht-Wissens in einen Transformationsagenten des menschlichen Lebens zu bezeichnen. (Foucault 1983: 137-38)

Da es der Macht letztlich darum geht, das Leben zu verbessern, stellt der Tod quasi den Endpunkt der Macht dar. War früher die größte Manifestation souveräner Macht im Vollstrecken der Todesstrafe zu verorten, ist es nun genau der Tod, der sich dem Einflussbereich der Macht entzieht. Und dennoch hat der Tod eine wichtige politische Funktion behalten, die sich im Rassismus offenbart. Mit den im 19. Jahrhundert entstandenen biologischen Theorien der Degeneration und den zunehmenden medizinisch-

---

[7] Foucault selbst hat die Begriffe Bio-Macht und Biopolitik an keiner Stelle klar unterschieden. In dieser Arbeit wird die heuristische Unterscheidung von P. Rabinow und N. Rose (2006) übernommen, die später in diesem Kapitel expliziert wird.

pathologischen Klassifikationen musste sich die Bio-Macht darum kümmern, dass der von ihr in Beschlag genommene Bereich des zu verbessernden Lebens nicht von innen sabotiert und geschwächt werde. Der Rassismus sei demnach „ein Mittel, um [...] eine Zäsur einzuführen: die Zäsur zwischen dem, was leben, und dem, was sterben muss" (Foucault 1999: 301).

Wichtig hier zu vermerken ist, dass Foucault sein Konzept der Bio-Macht aus einer ganz spezifischen historisch-kritischen Untersuchung heraus entwickelt hat. In den letzten Jahren wurden die Foucault'schen Konzepte von diversen Seiten verstärkt aufgenommen und weiterentwickelt. Somit entstanden verschiedene Versuche über Bio-Macht und Biopolitik, die mitunter stark von Foucaults Überlegungen abweichen. Prominente Versuche stellen mitunter die Arbeiten von Giorgio Agamben (2002) sowie Michael Hardt und Toni Negri (2000)[8]. Im Folgenden sollen nun die beiden Begriffe geklärt werden, um als Analysewerkzeuge auch außerhalb ihres theoriegeschichtlichen Entstehungszusammenhanges verwendet werden zu können.

Analytik der Bio-Macht und Biopolitik

Diese Arbeit stützt sich auf die Begriffsarbeit, die von Paul Rabinow und Nicolas Rose (2006) in ihrem programmatischen Artikel „Biopower Today" unternommen wurde. Da Foucault selbst die Begriffe Bio-Macht und Biopolitik an keiner Stelle seines Werkes scharf getrennt hat, bieten Rabinow und Rose eine hilfreiche analytische Unterscheidung an:

> The concept of ‚biopower' serves to bring into view a field comprised of more or less rationalized attempts to intervene upon the vital characteristics of human existence [...] [W]e can use the term ‚biopolitics' to embrace all the specific strategies and contestations over problematizations of collective human vitality, morbidity, and mortality; over the forms of knowledge, regimes of authority, and practices of intervention that are desirable, legitimate and efficacious. (Rabinow/Rose 2006: 196f.)

---

8   Einige dieser theoretischen Ansätze müssen sich der Kritik aussetzen, den Begriff derart zu generalisieren und auszudehnen, dass er sein spezifisches kritisch-analytisches Potential eingebüßt hat. Rabinow und Rose vermerken knapp zu Hardt und Negris Begriff von Biopolitik: „It can describe everything but analyze nothing" (2006: 199). Für eine kritische Diskussion vgl. Rabinow/Rose (2006) sowie Lemke (2007).

Um ein gegenwärtiges Phänomen als ein Feld der Bio-Macht bezeichnen zu können, schlagen Rabinow und Rose vor, nach den folgenden Elementen Ausschau zu halten:

- One or more truth discourses about the ‚vital' character of living human beings, and an array of authorities considered competent to speak that truth [...]
- Strategies for intervention upon collective existence in the name of life and health, initially addressed to populations that may or may not be territorialized upon the nation, society, or pre-given communities, but may also be specified in terms of emergent bio-social collectivities, sometimes specified in terms of categories of race, ethnicity, gender, religion, etc., as in the emerging form of genetic or biological citizenship. [...]
- Modes of subjectification in which individuals can be brought to work on themselves, under certain forms of authority, in relation to truth discourses, by means of practices of the self, in the name of individual or collective life or health.

(Rabinow/Rose 2006: 197)

Dieses analytische Verständnis von Bio-Macht und Biopolitik bildet die Grundlage einer sozialwissenschaftlichen Analyse des klinischen Feldes und der gegenwärtigen pharmazeutisch-medizinischen Menschenversuche. Im Folgenden sollen jedoch weitere theoretische Zugänge und analytische Kategorien kurz dargestellt werden, die für diese Arbeit zur Biopolitik klinischer Studien hilfreich erscheinen.

Das nackte Leben des Homo Sacer

Foucaults Programm wurde von zahlreichen Philosophen und Sozialwissenschaftern aufgegriffen, wie eine „Theorie" auf neue Bereiche bezogen oder systematisch weiterentwickelt. Einen prominenten Versuch eines solchen Unterfangens stellt das vielschichtige Werk Giorgio Agambens dar, der nach eigenen Angaben versuchte, die „blinden Flecken" bei Foucault zu beseitigen, da diesen „der Tod [daran] gehindert [hätte], alle Implikationen des Konzepts der Biopolitik zu entfalten" (Agamben 2002: 14).
Obwohl dieser, sagen wir „Beerbungs-Anspruch" Agambens äußerst umstritten ist (vgl. Lemke 2007, Rabinow/Rose 2006), bieten Agambens Thesen doch einen interessanten Ansatzpunkt für die vorliegende Arbeit. Ich teile die Kritik, die am ausgereiftesten von Thomas Lemke (2007)

vorgebracht wird, dass Agambens Versuch über Biopolitik in entscheidenden Punkten hinter Foucault zurückfällt. Beispielweise wäre hier das juridische Machtverständnis Agambens im Gegensatz zu Foucaults produktivem Machtbegriff zu nennen. Des Weiteren bemängelt Lemke den universalistischen Anspruch in Agambens Begriff von Biopolitik, der gewissermaßen in den Rang einer politischen Ontologie erhoben wird, wenn er behauptet, dass der ursprüngliche souveräne Akt in der Herstellung des biopolitischen Körpers beruhe. Die vorliegende Arbeit distanziert sich von ahistorischen (und teilweise apokalyptischen) Zuschreibungen, die in Agambens Werk oder zumindest in der Lesart seiner Kritiker gefunden werden können. Relevant für die Untersuchung biopolitischer Dimensionen klinischer Forschung ist jedoch Agambens politische Topografie, oder wie Lemke es bezeichnet, die „Strukturtheorie des Politischen" (Lemke 2007: 91), deren Zentrum eine Zone der Indifferenz bildet. In diesem politischen Raum ist auch Agambens bloßes bzw. „nacktes Leben" zu suchen, das sich als analytisches Konzept mit gewissen Einschränkungen für meine Arbeit als wertvoll erwiesen hat. Da sich das theoretische Gebäude Agambens als äußerst vielschichtig darstellt, wird im Folgenden nur das zentrale Argument, das dieser Arbeit von Nutzen ist, zu beleuchten sein.

Agamben behauptet, dass die Schwierigkeit, Biopolitik zu denken, im Faktum bestehe, dass seit den Römern durch das *eine* Wort für Leben, *vita*, verschleiert wurde, was bei Aristoteles noch getrennt war, nämlich zwei fundamentale Dimensionen des Phänomens Leben: *zoé* und *bios*. Während *bios* das qualifizierte Sein der Menschen, ihre soziale und politische Existenz meint, bezeichnet *zoé* das natürliche biologische Dasein, dass allen Lebewesen (auch Halbgöttern und Tieren) eigen ist. *Zoé* meint die ontologische Basis, auf der jedwede Lebensform (*bios*) erst wachsen kann.

Nun erscheint es nachvollziehbar, dass jede Form von *bios* eine politisch hergestellte Kategorie sei, welche von kulturellen und historischen Faktoren bestimmt ist, *zoé* hingegen eine transhistorische ontologische Gegebenheit, quasi die „Essenz des Lebens". Agambens These ist jedoch, dass souveräne Politik seit jeher mit der Produktion eines biopolitischen Körpers beschäftigt war, nämlich dem Träger dessen, was Agamben das „nackte Leben" nennt. Wenn wir mit Foucault gesagt haben, dass eine (durch den Rassismus legitimierte) Aufgabe der Biopolitik sei, zu selektieren was leben und was sterben muss, so hat Agamben diese These quasi globalisiert und sie zur wesentlichen Funktion jedweder Politik gemacht – damit aber getötet werden kann, ohne dass ein Mord begangen wird, muss das zu tötende Leben erst in nacktes Leben verwandelt werden (vgl. Weiß 2003).

Der *homo sacer* – eine rätselhafte Figur aus dem römischen Recht – bildet den Träger dieses nackten Lebens: All seiner politischen, rechtlichen und sozialen Qualitäten und Ansprüche entkleidet, ist der *homo sacer* nicht mehr als „bloßes Leben", das jederzeit getötet werden kann, ohne dass ein Verbrechen verübt wird – und dies ist auch bei Carl Schmitt das zentrale Merkmal eines souveränen Aktes: die Entscheidung über die Ausnahme. Souverän ist, wer darüber entscheiden kann, dass das Recht entweder zur Anwendung kommt, oder aber sich zurückzieht. Die Pointe ist demnach, dass es alleine beim Souverän liegt, diese Grenze zu ziehen, die Recht von Gewalt, Freund von Feind und *bios* von *zoé* scheidet. In diesem Sinne lässt sich erkennen, dass sich der Grat zwischen dem Bürger und dem *homo sacer*, der das prinzipiell tötbare, nackte Leben darstellt, als schmal und stets beweglich herausstellt. Dieser Akt der Grenzziehung, der bis zum Ende des klassischen Zeitalters der Souveränität exemplarisch in der *patria potestas* verbildlicht wurde, unterlief, so Agambens Analyse, in der biopolitischen Moderne einer strukturellen Transformation, die – wenn auch nicht direkt dermaßen thematisiert – mit Foucaults Analysen der Transformation der Macht, ihrer Formen und Strategien korrespondiert. Heute haben sich die Machtbeziehungen derart vermehrt und verlagert, dass die klassische politische Spannung zwischen dem Souverän und dem Untertan nicht mehr in dieser Statik aufzufinden ist (wenngleich sie auch nicht ganz aufgelöst erscheint). Agambens These zufolge steht heute eine Vielzahl potentieller *homines sacri* einer Vielzahl von potentiellen Souveränen gegenüber: der Studienleiter der Versuchsperson, der Onkologe dem Krebspatienten, welche wiederum, um es mit Rabinow und Rose zu sagen, in einem „bioethischen Komplex" (Rabinow/Rose 2006: 203) von diversen Akteuren und Institutionen eingebettet und verankert sind. Die Diskussionen über die „Opferbarkeit" der Passagiere in einem von Terroristen gekaperten Flugzeug, das als Waffe gegen die Gesellschaft gewandt wird, welche es stets zu verteidigen gilt, zeigen die Aktualität und Realität dieser souveränen Grenzziehung. Andere Beispiele aus dem biomedizinischen Bereich lassen sich in den Debatten über die „Heiligkeit des Embryos" finden: Ist eine Blastozyste ein bloßer Zellhaufen (*zoé*, und damit tötbar) oder schon ein wertvolles menschliches Leben (*bios*, und damit zu schützen). Ähnlich die Situation des unheilbar Kranken, der sich in dem Zwischen-Raum zwischen Leben und Tod befindet und ein Recht auf experimentelle Medikamente fordert. In der vorliegenden Arbeit soll nicht ein sehr allgemeines philosophisches Konzept, das des „nackten Lebens", einer empirischen Realität übergestülpt werden, sondern es soll vielmehr helfen, diese theoretisch zu erfassen. Die Problematisierung klinischer Forschung am Menschen kann vielmehr zeigen, dass sich in der Klinik als (bio-)politischem Raum eben zwei fundamentale Aspekte gegenüberstehen: der durch Rechte geschützte und Rechte einfordernde Patient, Träger einer politischen Subjektivität, und das nackte Leben der Versuchsperson, die sich in enger konzeptioneller Verwandtschaft zur Laborratte befindet.[9] Die vorliegende Arbeit thematisiert das Spannungsverhältnis dieser beiden Konzepte anhand von empirischen Fällen. Für uns gilt es hier festzuhalten, dass eine Entscheidung, die in einer Zone der Unbestimmtheit getroffen wird und sich auf das biologische und politische Leben bezieht, einen dezidiert biopolitischen Akt darstellt (Agamben 2002, vgl. Weiß 2003).

Zwischen Biosozialität und Biokapitalismus

Während, wie wir gesehen haben, Agamben das Hauptaugenmerk seiner Analyse auf das bloße biologische Leben, *zoé*, innerhalb der politischen Kalküle und der Aushandlung seines rechtlichen Status legt, richtet ein anderer Korpus von Studien seinen Fokus auf emergente Formen politischer und sozialer Identität sowie Subjektivierungsweisen von Individuen und Gruppen im Feld der Bio-Macht, welche jene ermöglicht und bedingt. Mit dem Erstarken der Bio-Macht, so Foucaults These, hat sich auch das Wesen der politischen Kämpfe geändert, die sich nun weniger um die Einforderung alter souveräner Rechte drehen, als vielmehr „auf das Leben und den Menschen als Lebewesen" gerichtet sind:

> Was man verlangt und worauf man zielt, das ist das Leben verstanden als Gesamtheit grundlegender Bedürfnisse, konkretes Wesen des Menschen, Entfaltung seiner Anlagen und Fülle des Möglichen. (Foucault 1983: 140)

Eine Reihe sozialwissenschaftlicher Studien zeigt, wie diese Dimension der Identifizierung mit und Subjektivierung durch das Somatisch-Biologische in den letzten Jahrzehnten an Radikalität gewonnen hat, und zunehmend zum „normalen" Repertoire politisch-sozialer Phänomene gezählt werden kann. Konzepte wie „Biosozialität" (Rabinow 2004),

---

[9] Der englische Ausdruck „human guinea pig" oder menschliches Versuchskaninchen unterstreicht diesen schmalen Grat zwischen *bios* und *zoé*.

„somatisches Individuum" (Novas/Rose 2000, Rose 2001) oder „biologische Staatsbürgerschaft" [10] (Petryna 2002, Novas/Rose 2005) versuchen unterschiedliche empirische Phänomene begrifflich zu fassen. Entscheidend hierbei und von Relevanz für die vorliegende Arbeit ist, dass sich seit den 1970er Jahren zweierlei Phänomene beobachten lassen, die mitunter unterschieden werden müssen, obwohl sie in engem Bezug zueinander stehen. Zumal wäre da das Aufkommen und Erstarken von Patientenorganisationen zu vermerken, welche zunehmend Druck auf das eingespielte System öffentlicher biomedizinischer Autorität und Repräsentation ausüben (Landzelius 2006). Diese Form neuer sozialer Bewegungen hängt natürlich mit Phänomenen wie Biosozialität zusammen, wenngleich beide jedoch nicht zusammenfallen: Kann jene noch mit Begriffen klassisch-politischer Kämpfe wie beispielsweise demokratische Inklusion, politische Repräsentation und ökonomische Distribution bzw. Allokation verstanden werden, handelt es sich bei dieser eher um einen Ausdruck diskursiver Verschiebung von ontologischen Grenzen zwischen Körper und Subjekt sowie zwischen Natur und Kultur. Es wundert nicht, dass Paul Rabinow den Begriff der Biosozialität in seiner Studie über das Humangenomprojekt und dessen soziale Implikationen geprägt hat (Rabinow 2004). Ebenso verortet Thomas Lemke in der „Genetifizierung" eine neue Form biopolitischer Gouvernementalität (Lemke 2000).[11]

Dieser Tendenz des Anwachsens biosozialer Beziehungen steht ein anderes Phänomen gegenüber, das mit soziologischen Konzepten wie etwa Biokapitalismus, Bioökonomie oder *biovalue* beschrieben wurde (Waldby 2002, Waldby/Mitchell 2006, Sunder Rajan 2006, Rabinow/Rose 2006). Beim sozialwissenschaftlichen Konzept der Bioökonomie handelt es sich um:

> [...] large scale *capitalization of bioscience* and *mobilization* of its elements into new exchange relations: the new molecular knowledges of life and health are being mapped out, developed and exploited by a range of

---

10 *Biological citizenship*, wie es im englischen Original heißt, fängt wesentlich besser ein, was in dem Begriff formuliert wird: die Beziehung des Staatsbürgers zum Staat über das Spiel von Rechten und Pflichten, das zunehmend in biopolitischen Termini kodiert wird.

11 Eine genaue analytische Unterscheidung beider Phänomene ist für diese Arbeit jedoch nicht von großer Relevanz. Es soll nur darauf hingewiesen sein, dass beide eine bestimmten Form von Subjektivität bedingen: den aktiven, mündigen, selbstbestimmten Patienten.

commercial enterprises, sometimes in alliance with States, sometimes autonomous from them, establishing constitutive links between life, truth, and value. (Rabinow/Rose 2006: 203, Hervorhebung im Original)

Die Patentierung des menschlichen Genoms, kommerzielle Genanalysen für private und wissenschaftliche Zwecke sowie die Wiedereingliederung von biologischem und medizinischem Abfall in den kapitalistischen Produktions- und Zirkulationsprozess, wie etwa abgetriebenen Föten oder Nabelschnurblut (vgl. Waldby/Mitchell 2006, Kent 2008), stehen exemplarisch für diesen biokapitalistischen Verwertungszusammenhang.

Als nicht gleich und doch sehr ähnlich stellt sich das Biokapital menschlicher Versuchspersonen für die klinische Forschungsindustrie dar. Wie Petryna in ihrer ethnographischen Studie *When Experiments Travel* (2009) zeigt, stellt die Suche nach geeigneten Versuchspersonen eine neue lukrative wie kompetitive Branche in einer globalisierten Welt dar. Dem rasanten Anstieg klinischer Studien weltweit sowie der vermehrten Anzahl benötigter Teilnehmer pro Studie ist geschuldet, dass potentielle Versuchspersonen eine „knappe Ressource" darstellen (Caulfield 2004). Auftragsforschungsinstitute und spezialisierte Patientenrekrutierungsfirmen betreiben einen wahrhaften *body hunt*, um das wachsende Bedürfnis der Pharmaindustrie befriedigen zu können (Fisher 2007, Epstein 2008). In diesem Sinne können wir menschliche Versuchspersonen auch als eine Form von Biokapital wahrnehmen und innerhalb der Verwertungslogik einer biopolitischen Ökonomie thematisieren.

Für die vorliegende Arbeit ist entscheidend, dass der zunehmende Druck auf die Klinik, das heißt auf die klinisch-medizinische Forschung, als ein Spannungsverhältnis zwischen Tendenzen biosozialer Forderungen und biokapitalistischer Instrumentalisierung wahrgenommen werden kann. Einerseits ist zentral, dass, mit Foucault gesprochen, Biopolitik stets auf die Förderung, Erhaltung und Verbesserung der Gesundheit des Individuums und der Bevölkerung abzielt. Andererseits kann die Klinik als Zwischen-Raum, als Grauzone thematisiert werden, indem der sich die Versuchsperson in einem Kontinuum wiederfindet, auf dessen einem Ende des Spektrums der zu behandelnde Patient mitsamt seinen biosozialen Ansprüchen und seinem rechtlichen Status (*bios*), auf dessen anderem Ende der *homo sacer* in Form der Versuchsperson steht, als lebendiges Forschungsmaterial, das einen Körper und einen materiellen und ideellen Wert besitzt.

2

Klinische Forschung zwischen Ethik, Industrie und politischer Ökonomie

Dieses Kapitel versucht das Feld klinischer Forschung in seinem Kontext zu erfassen. Wir haben bereits gesehen, dass dieser Teil der medizinisch-pharmazeutischen Forschung ein breites, verwinkeltes Feld darstellt, welches sich mit Hilfe der Konzepte von Bio-Macht und Biopolitik, wie wir sie zuvor dargestellt haben, erfassen und analysieren lässt. These der Arbeit ist, dass sich der spezifisch biopolitische Charakter klinischer Studien nur erkennen lässt, wenn ökonomische Kalküle, therapeutische Praktiken, gesundheitspolitische Strategien sowie wissenschaftliche und ethische Diskurse gemeinsam in ihren Beziehungen zueinander analysiert werden. Daher ist es notwendig, zunächst eine Karte mit großem Maßstab zu zeichnen, um das komplexe biopolitische Feld in seinem Kontext abzustecken.

Zuerst wird das Thema der Ethik der medizinischen Forschung, und im Speziellen jener der Menschenversuche behandelt. Danach soll ein Überblick über die globale politische Ökonomie der pharmazeutischen Industrie und ihres Verhältnisses zum Staat gegeben werden. Im Folgenden widmet sich der dritte Teil mit der Planung und dem Ablauf klinischer Studien sowie der damit verbundenen rechtlichen, sozialen und (bio-)politischen Implikationen.

2.1 Ethik in der klinischen Forschung

Insgesamt betrachtet nehmen die Bedeutung und die Rolle der Ethik im klinischen Bereich seit den 1970er Jahren permanent zu (vgl. Paul 2008).

Ethikkomitees schossen förmlich aus dem Boden, welche sowohl die alltägliche klinische Praxis als auch die Planung und Durchführung klinischer Forschung beobachten, beraten und kontrollieren sollen. Weiters lässt sich auch eine Forcierung und zunehmende Institutionalisierung der Bioethik als praktische (Bereichs-)Ethik im akademischen Bereich beobachten, deren Ziel es ist, die moralischen und ethischen Implikationen und Erfordernisse, welche sich aus den vielfältigen Entwicklungen innerhalb der Biomedizin und der Life Sciences ergeben, zu reflektieren und der Politik in regulativen Aufgaben beratend zur Seite zu stehen.

Der Anspruch dieser Arbeit ist es nicht, eine ethische oder moralische Analyse oder Bewertung von klinischer Forschung zu versuchen, oder etwa auf Mängel innerhalb ethischer Prinzipien sowie ihrer Umsetzung in der klinischen Praxis aufmerksam zu machen – eine durchaus wichtige und umfangreiche Aufgabe, welche jedoch einen anderen Schwerpunkt setzt und von vielen Autoren bereits in Angriff genommen wurde. Vielmehr geht es um eine Diskursanalyse der Ethik klinischer Forschung, ihrer theoretischen Prinzipien und konkreter Praktiken. In diesem Sinne geht es um die Rolle der Ethik als einer „neuen Regierungstechnologie" biopharmazeutischer und klinischer Forschung (vgl. Gottweis *et al.* 2004). Zuerst soll im folgenden Unterkapitel die Institutionalisierung von ethischer Beratung dargestellt und die verschiedenen Bereiche (Bioethik, Medizinethik, Ethik der öffentlichen Gesundheit) begrifflich unterschieden werden. Danach wird sich ein Abschnitt mit dem medizinethischen Diskurs, seinem Anspruch und seiner Kritik widmen. Medizinethik stellt bis dato einen für die Analyse klinischer Forschungspraxis zentralen und entscheidenden Komplex dar. Letztlich wird auf aktuelle Debatten innerhalb des ethischen Diskurses hingewiesen, die eine Transformation von beachtlicher Tragweite anzukündigen scheinen: die Hinwendung zu einer Ethik der öffentlichen Gesundheit und die Erosion einer individualistischen Ethik mit Fokus auf den Akt der informierten Einwilligung zu Gunsten einer mehr kollektivistischen Konzeption ethischer Forschung, als Reaktion auf Erfordernisse neuer biomedizinischer Technologien und Praktiken wie Pharmakogenetik oder DNA-Banking.

Zur Genealogie der ethischen Kontrollinstanzen

In den USA wurden seit den 1980er Jahren, und etwas später auch in Europa, ethische Kontrollinstanzen im klinischen Bereich zunehmend institutionalisiert (vgl. Corrigan 2003, Vollmann 2006, Paul 2008). Damit

verbunden sind die Einrichtung von klinischen Ethikkomitees in Spitälern, von nationalen (Bio-)Ethikräten, universitären und privaten Forschungsinstituten und die Etablierung von Fachgesellschaften. In den USA wurde beispielsweise 1986 die erste Fachgesellschaft für klinische Ethikberatung, die Society for Bioethics Consultation, gegründet, welche heute mit zwei weiteren Gesellschaften den Dachverband der American Society for Bioethics and Humanities ausmacht (vgl. Vollmann 2006).
Nach der Einschätzung von Jochen Vollmann haben „medizinischer Fortschritt, Wertepluralismus, zunehmender Einfluss von Patienten, Angehörigen und nichtärztlichen Gesundheitsberufen und ökonomische Prozesse [...] zur Einrichtung von Ethikberatungen in der klinischen Medizin geführt" (Vollmann 2006: 349).

Zunächst muss aber zwischen verschiedenen Typen von Ethikkommissionen unterschieden werden (für die folgende Unterscheidung siehe Paul 2008: 210, Tabelle 19.1.): Unter *klinischen Ethikkomitees* verstehen sich lokale Einrichtungen in Krankenhäusern und Kliniken, deren Aufgabe und Funktion darin besteht, Leitlinien zu erstellen, Prozess- und Ergebnisqualitätssicherung zu garantieren und ethische Einzelfallberatung zu gewährleisten. Weiters haben sie die Aus- bzw. Weiterbildung des Fachpersonals der Anstalt zur Aufgabe. Interessant ist hierbei anzumerken, dass KEKs zunächst auf Initiative konfessionell getragener Krankenhäuser geschaffen worden sind, und zwar in den USA schon 1949 auf Empfehlung der Catholic Hospital Organization. In Deutschland entschlossen sich 1997 die katholischen und evangelischen Krankenhausverbände zu einer solchen gemeinsamen Empfehlung (Paul 2008: 209, vgl. Vollmann 2006). Dahingegen sind *Ethikkommissionen nach Landesrecht* (im Weiteren nur: Ethikkommissionen) wesentlich Einrichtungen zur Begutachtung von Anträgen auf die Durchführung klinischer Studien. Diese sind für das Feld klinischer Forschung von größter Bedeutung, da sie *de jure* sowie *de facto* eine wesentliche Funktion erfüllen. In der Fachsprache finden sich mehrere Bezeichnungen, die meist synonym zu gebrauchen und den unterschiedlichen nationalen Fachterminologien geschuldet sind: *Ethical* oder *Institutional Review Boards* (IRB) sowie *Independent Ethics Committee*.[12] In der Clinical Trials Directive 2001/20/EG der Europäischen Gemeinschaft findet sich beispielsweise folgende Definition:

---

12 Während IRB in den USA der gebräuchliche Begriff ist, wird – in Bezug auf Richtlinie 2001/20/EG – in Europa üblicherweise von Ethikkommissionen

> [Eine] Ethik-Kommission [ist] ein unabhängiges Gremium in einem Mitgliedstaat, das sich aus im Gesundheitswesen und in nichtmedizinischen Bereichen tätigen Personen zusammensetzt und dessen Aufgabe es ist, den Schutz der Rechte, die Sicherheit und das Wohlergehen von an einer klinischen Prüfung teilnehmenden Personen zu sichern und diesbezüglich Vertrauen der Öffentlichkeit zu schaffen, indem es unter anderem zu dem Prüfplan, der Eignung der Prüfer und der Angemessenheit der Einrichtungen sowie zu den Methoden, die zur Unterrichtung der Prüfungsteilnehmer und zur Erlangung ihrer Einwilligung nach Aufklärung benutzt werden, und zu dem dabei verwendeten Informationsmaterial Stellung nimmt. (Richtlinie 2001/20/EG, Art. 2.k.)

Gremien innerhalb medizinischer Berufs- oder Fachverbände zum Zweck der Grundsatz- und Leitlinienentwicklung innerhalb der einzelnen Fachdisziplinen werden ebenso meist Ethikkommissionen genannt.

Nicht zuletzt müssen noch *Nationale Ethikräte* bzw. *Bioethikkommissionen* erwähnt werden, welche meist auf staatliche Initiative für die Aufgabe einberufen werden, die Öffentlichkeit über Stand und Entwicklung biotechnologischer und biomedizinischer Forschung zu informieren und eine öffentliche Diskussion über moralische sowie Fragen zu Risiken dieser neuen Technologien zu fördern. In Österreich wurde beispielsweise 2001 eine Bioethikkommission im Bundeskanzleramt eingerichtet:

> Aufgabe der Bioethikkommission ist die Beratung des Bundeskanzlers in allen gesellschaftlichen, naturwissenschaftlichen und rechtlichen Fragen aus ethischer Sicht, die sich im Zusammenhang mit der Entwicklung der Wissenschaften auf dem Gebiet der Humanmedizin und -biologie ergeben. (Verordnung 226/2001, §2 (1)).

Doch auch auf suprastaatlichem Niveau erfuhr die Ethik in den letzten Jahren eine zunehmende Institutionalisierung. Die *European Group on Ethics in Science and New Technologies*, die 1998 aus der *Group of Advisers* der Kommission in Fragen ethischer Implikationen von Biotechnologien hervorgegangen ist, beschreibt ihren Aufgabenbereich wie folgt:

> The task of the Group is to examine ethical questions arising from science and new technologies and on this basis to issue Opinions to the European Commission in connection with the preparation and implementation of Community legislation or policies.
>
> In order to face the ethical issues that are arising with the rapid advances in science and technology, the Members represent a broader range of

---

gesprochen. Um Übersichtlichkeit zu bewahren, werde ich mich im Folgenden an der europäischen Terminologie orientieren.

professional competences in different disciples such as, inter alia, biology and genetics, medicine, pharmacology, agricultural sciences, ICT, law, ethics, philosophy, and theology. (EGE Webpage 2009)

Gerade diese Fälle verdeutlichen, inwiefern Ethik bzw. ihre institutionalisierten und politischen Formen als Werkzeug im Prozess des Regierens von Biomedizin und Gesellschaft eingesetzt werden. Aber auch die für klinische Forschung zuständigen Ethikkommissionen tragen weit mehr als einen bloß humanistisch-ethischen, sondern einen dezidiert biopolitischen Charakter, indem sie über Auswahlkriterien für Versuchspersonen oder über die Grenze (mit-)entscheiden, die ethisch vertretbare Risiken für das Individuum von nicht-vertretbaren trennt.

In diesem Sinne wird verständlich, warum Rabinow und Rose die gegenwärtige Biopolitik und biopolitisches Regieren als durch einen bioethischen Komplex vermittelt analysieren (vgl. Rabinow/Rose 2006).

Bevor wir uns aber der Diskussion ethischer Positionen und Prinzipien widmen können, muss noch einmal Begriffsarbeit getan werden, und das Feld der Ethik selbst ausdifferenziert werden.

Medizinethik und Bioethik: Konvergenzen und Abgrenzungen

Inwiefern sind genaue Definitionen der vorgeschlagenen Begriffe nun wirklich nötig, um sich dem Problem der klinischen Studien zu nähren bzw. inwiefern lassen sich so klare Abgrenzungen überhaupt empirisch nachweisen – handelt es sich nicht bloß um begriffliche Spitzfindigkeiten? Es scheint durchaus von Relevanz zu sein, sich diese unterschiedlichen Bereiche der Ethik zu vergegenwärtigen, besonders dann, wenn man sie als konkrete Diskurse mitsamt ihrer assoziierten Praktiken begreift (und nicht bloß als akademische Ideengebäude), denen unterschiedliche strategische Funktionen zukommen können.

Zuerst soll zwischen Bioethik und Medizinethik unterschieden werden. Während jene eher die philosophisch unterbaute, reflexive Erforschung ethischer Kontroversen, welche durch den technischen Fortschritt von Biologie und Medizin angeregt werden, darstellt, versteht sich Medizinethik vielmehr als angewandte Berufsethik, die sich aus der ärztlichen Ethik ausgeformt hat. Seit ihrem historisch überlieferten Ursprung, der im hippokratischen Eid zu finden ist, bildet das Verhältnis zwischen Arzt und Patient den Ausgangspunkt der Überlegungen (Vollmann 2006, Paul 2008). Ein Lexikon schlägt folgende Definition vor: Medizinethik „meint

[...] die reflexiv-argumentative Disziplin, deren Aufgabe in der Prüfung, Begründung und gegebenenfalls Vermittlung der für den Bereich der Medizin relevanten ethischen Regeln, Einstellungen und Institutionen im Licht der generellen ethischen Prinzipien und der jeweiligen Handlungskontexte besteht" (Lexikon der Bioethik, zit. in Schröder 2007: 105). Eine andere Quelle – vor allem in Bezug auf die Abgrenzung zur Bioethik – konstatiert:

> Medicine's moral core is found in the fact of illness and the act of profession The central focus of clinical ethics is individual patient-physician decision making. By contrast, biomedical ethics is a broader discipline that involves the application of ethical principles to the whole range of biomedical knowledge and extends ethical analysis from the clinical encounter to the legal and policy arenas. (zit. in Vollmann 2006: 348)

Eine weitere, vielmehr soziologisch orientierte Abgrenzung zwischen Medizinethik und Bioethik konstatiert, dass Bioethik ein viel weitreichender Begriff sei, der „die Grenzen des medizinischen Feldes schon längst hinter sich gelassen" habe.

> Die Relevanz der Bioethik im gesundheitspolitischen Diskurs ergibt sich dadurch, dass die Bioethik Fragen des individuellen Gewissens mit der Regulierung der Bevölkerung verbindet. Bioethik berührt den Einzelnen, weil er bei der Behandlung bioethischer Fragestellungen tief im eigenen Glaubenssystem agiert; ein Bereich, in den staatliche Einmischung seit jeher unerwünscht und mit dem Geruch des Totalitären behaftet war. Sie berührt den Staat, weil er als Regulator der Bevölkerung handelt. (Gottweis *et al.* 2004: 317)

Es lässt sich also festhalten, dass sich ärztliche Ethik vergleichsweise als angewandte/praktische Ethik versteht, quasi als Berufsethik, die sich auf das Ethos des Arztes im Verhältnis zu seinem Patienten manifestiert, die Bioethik hingegen ein weites Feld umspannt, in dem individuelle und gesellschaftspolitische Normen produziert, erwogen und verhandelt werden. Von einigen Praktikern und Kritikern wurde aber bemängelt, dass die Medizinethik selbst noch einer internen Ausdifferenzierung bedarf, um noch angewandter, dem klinischen Alltag noch dienlicher zu werden. Der Vorschlag dieser Differenzierung resultiert im Begriff der „klinischen Ethik". Diese versuche nun, das Kaprizieren auf das Arzt/Patienten-Verhältnis zu transzendieren, indem sie ethische Fragen in Bezug auf den übergeordneten Kontext, den klinischen Alltag bzw. die Organisation, stellt (vgl. Paul 2008). Doch im Gegenzug zur medizinethischen Tradition, die „nicht primär auf eine Anwendung am Krankenbett gerichtet" ist, sondern versucht, „Grundfragen und -probleme der Medizin vor dem Hintergrund ihrer jeweiligen zeitlichen, lokalen und kulturellen Kontexte [...] zu rekonstruieren", versteht sich klinische Ethik als praktische Ethik, welche *situativ* argumentiert (ebd.). Ihre Ausrichtung als Disziplin muss, so die Forderung mancher Vertreter, verstärkt empirisch und „von hoher praktischer Relevanz" sein (Vollmann 2006: 348).

Die Rolle des medizinethischen Diskurses bei der politischen Regulierung klinisch-medizinischer Forschung kann nicht unterschätzt werden. Nicht nur hat die zunehmende Institutionalisierung ethischer Kontrollen von Seiten des Staates zu höheren Auflagen für die biopharmazeutische Industrie für die Entwicklung und Zulassung von Arzneimitteln geführt,[13] auch machen sich Patienten diese Diskurse zunutze, z.B. um ein „Recht auf Teilnahme in einer Studie" zu fordern.

In diesem Sinne gilt es nun, für einen kleinen Moment in die ethischen Überlegungen, Prinzipien sowie auch in ihre Aporien einzutauchen, um diesen entscheidenden Diskurs besser verstehen zu lernen.

Autonomie und Einverständnis – Die ethischen Prinzipien klinischer Forschung und ihre Grenzen

Wenngleich viele Akteure über mannigfaltige Dinge uneins sind, so findet sich in einer Sache scheinbar ein Konsens: dass medizinische Forschung letztlich notwendig und unumgänglich sei und medizinischer Fortschritt zu einem großen Teil eben an die Durchführung klinischer Humanstudien gebunden ist.[14][15]

---

13 Was sich erheblich auf die Strategien industrieller Akteure auswirkt: Auslagerung an Auftragsforschungsinstitute, Abwanderung in ehemalige Entwicklungsländer oder neue Formen von Patientenrekrutierung sind nur einige Aspekte, die zumindest in Korrelation mit der forcierten (ethischen) Harmonisierung stehen und auf die in der vorliegenden Arbeit an vielen Stellen Bezug genommen wird.

14 An dieser Stelle soll die Gelegenheit genutzt werden, um auf die Relevanz und das Ausmaß von Tierstudien aufmerksam zu machen. In dieser Arbeit geht es um klinische Studien und daher um „menschliche Versuchskaninchen", was nicht vergessen lassen soll, dass eine ganze biopolitisch motivierte Industrie Labortiere züchtet, um mit ihnen Profit und medizinischen Fortschritt zu generieren. Die Ursprünge einer Ethik der Menschenversuche liegen zudem in der Geschichte der Tierrechtsbewegung – eine Tatsa-

Die Prinzipien und Werte der medizinischen Ethik – deren aktuelle und politisch relevante Ausformulierung die Deklaration von Helsinki des Weltärztebundes darstellt – basieren zutiefst auf der abendländischen Tradition der Menschenrechte, die einen universalistischen Anspruch hegt. Im Zentrum dieser Tradition steht auf ontologischer Ebene ein Individualismus, der das rationale Subjekt zum Ausgangspunkt seiner Philosophie macht. Demnach stehen Autonomie, Wahrung der Menschenwürde sowie das Recht auf Leben und körperliche Unversehrtheit als zentrale Elemente im Diskurs jeder ärztlichen Ethik (vgl. Corrigan 2003, Rosenau 2000).

Klinische Forschung berührt in den meisten Fällen diese Werte und setzt sie unter dem Vorwand eines möglichen (individuellen und/oder gesellschaftlichen) Nutzens dem Risiko ihrer Gefährdung bzw. Beeinträchtigung aus.[16] Auf der einen, der individuellen Seite, scheint die Sache relativ klar zu sein: Bei einem Patienten, der an einer gewissen Krankheit leidet, aufgrund welcher er in eine Behandlungsstudie eingebunden wird, darf der potentielle Schaden keinesfalls den erwarteten Nutzen (für die Therapie entweder der Krankheit oder zur Linderung von Begleiterscheinungen) übersteigen. Doch klinische Studien dienen nicht ausschließlich der Medizin als zusätzliche Behandlungsoption für den Patienten, sondern auch der Gewinnung und Bestätigung neuen medizinischen Wissens, das wiederum der gesamten Gesellschaft, oder genauer gesagt: der Gruppe der zukünftig direkt oder indirekt betroffenen Patienten zugute kommt. Im Einklang mit dem Individualismus des westlichen Liberalismus gilt hier, dass der potentielle Vorteil für die Gesellschaft nie auf Kosten der Sorge um das Wohl des Einzelnen – der individuellen Versuchsperson – gehen darf (Sharma 2005). Hier zeigt sich die Dialektik zwischen dem Allgemeinen und dem Besonderen, die aus der Problematik der medizinischen

---

che, die eigener Aufmerksamkeit bedarf, um die gegenwärtige Verfasstheit biopolitischer Rationalität zu analysieren (vgl. Lederer 1995).

15 Von, sagen wir, radikalen Strömungen, welche beispielsweise einen Großteil der westlich-modernen evidenzbasierten (Bio-)Wissenschaft in Frage stellt, und unter dem Schlagwort „zurück zur Natur" einen ganzheitlichen bzw. einzig fernöstlichen Zugang innerhalb der Medizin fordert, einmal abgesehen.

16 Dies gilt zunächst für alle interventionellen Studien. Bei reinen Beobachtungsstudien ist der Fall nicht leicht zu entscheiden – deswegen wird auch die Anmeldung einer Anwendungsbeobachtung (Phase 4) etc. behördlich nicht so streng reguliert, wie eine interventionelle klinische Zulassungsstudie.

Forschung kaum wegzudenken ist.[17] Doch das Primat des Individuums über den gesellschaftlichen Zweck stammt nicht bloß aus philosophischer Tradition, sondern ist mit der Erfahrung einer Reihe von menschenverachtenden medizinischen Experimenten verbunden. Einerseits wären da die Versuche von Naziärzten an der Lagerbevölkerung zu nennen, die unter dem Vorwand des wissenschaftlichen Fortschritts und seinem direkten kriegsstrategischen Nutzen geführt wurden: Experimente, bei denen z.B. die Auswirkungen von Meereswasser auf den Organismus getestet wurden, oder – in der Absicht der Impfstoffentwicklung – die Reaktionen auf das Impfen von Fleckenfieberbakterien oder Hepatitis-Viren. Weiters wurden nichtchirurgische Methoden der Sterilisation (mittels Chemikalien oder durch Bestrahlung) getestet, welche der eugenischen Politik des Regimes dienlich sein sollten (vgl. Agamben 2002, Böhme *et al.* 2008). Nach dem Sieg der Alliierten wurden im Rahmen des Nürnberger Ärzteprozesses diese Experimente aufs Heftigste verurteilt und führten zur Ausformulierung des bekannten Nürnberger Kodex – der vielmehr einer Deklaration als einem Kodex im Sinne des positiven Rechts entspricht – in dem die Notwendigkeit der Einwilligung nach Aufklärung jeder einzelnen eingebundenen Versuchsperson als *sine qua non* bei der Durchführung medizinischer Forschung fixiert wurde (Rosenau 2000: 109).

Ein weiteres Beispiel, welches die medizinrechtlichen und -ethischen Debatten angeheizt hat, stellt die Tuskegee Syphilisstudie dar, in der in einem Zeitraum von über vierzig Jahren (1932-72) ein Langzeitversuch an ungefähr vierhundert afroamerikanischen Landarbeitern durchgeführt wurde, um den natürlichen Verlauf der Krankheit zu beobachten. Der Großteil der Versuchspersonen wurde schlichtweg weder über ihre Krankheit noch über die Teilnahme an dieser Studie informiert – oder sie wurden eiskalt angelogen: Gesagt wurde ihnen lediglich, dass sie „schlechtes Blut" hätten. Während der Zeit haben zahlreiche Patienten die Krankheit, deren Verlauf meist tödlich endet, an ihre Familien und Kinder weitergegeben. Selbst als wirksame Medikamente entwickelt worden sind, wurde die Studie weitergeführt. Auftraggeber der Studie war zudem noch die amerikanische Gesundheitsbehörde, die Ärzten und Pfle-

---

17 Das es einmal möglich sein wird, Medikamente ausschließlich in extra dafür gezüchteten Zellkulturen oder mittels aufwändiger Computerprogramme zu testen, klingt verlockend, jedoch bleibt es für die gegenwärtige Praxis Zukunftsmusik.

gepersonal die strikte Anweisung gab, die Patienten unter keinen Umständen zu behandeln – verabreicht wurden den Versuchspersonen lediglich Grippemittel und Aspirin (vgl. Brandon *et al.* 2005).
Viele Kommentatoren behaupten, dass diese (durchaus rassistisch motivierte) Studie das Vertrauen in klinische Studien – und insbesondere innerhalb der schwarzen Bevölkerung – nachhaltig geschädigt habe (vgl. CNN 2008, Nothington Gamble 1997).
Der im Jahre 1979 verfasste Belmont Report lässt sich, ähnlich dem Nürnberger Kodex, als Reaktion auf den Skandal von Tuskegee, sowie weitere medizinethische Skandale von geringerer Reichweite verstehen, in dem ebenso die ethischen Prinzipien klinischer Forschung – insbesondere mit Fokus auf Information und Einwilligung – deklariert wurden. Die drei Prinzipien, welche für jedes klinische Experiment verbindlich seien, sind die Achtung der Menschenwürde, das Prinzip der Benefizienz und der Gerechtigkeit.[18]
Mit Sicherheit ließe sich leicht eine ganze Geschichte des Missbrauchs der medizinischen Forschung schreiben (vgl. Böhme *et al.* 2008). Für den Zweck dieser Arbeit sollen jedoch diese zwei Beispiele genügen, um den Prozess anzudeuten, durch den ethische Kontrolle medizinischer Forschung zu einem wichtigen und unumgänglichen Teil der „guten klinischen Praxis" wurde. Obwohl durch Richtlinien und Grundsätze, an denen es heute nicht mangelt, nicht vollständig garantiert werden kann, dass diese auch eingehalten werden, so ist es doch im Ansatz von großer Relevanz, an diesen ethischen Prinzipien festzuhalten und zu ihrer Verwirklichung beizutragen, um derartigen Szenarien, wie sie zuvor skizziert wurden, vorzubeugen.
Und die gewählten Beispiele lassen verständlich erscheinen, warum Kategorien wie Autonomie und informierte Einverständnis zu unumstößlichen Leitprinzipien des ethischen Diskurses avanciert sind (vgl. Corrigan 2003).

Hennig Rosenau (2000) definiert zwei miteinander in Beziehung stehende Grundprinzipien, die innerhalb des Medizinrechts von großer Bedeutung sind: Auf der einen Seite steht die Risiko-Nutzen-Analyse, auf der anderen die Einwilligung nach Aufklärung.
Bei Ersterem muss bedacht werden, dass, wenngleich es sich um ein „medizinisches Experiment" handelt, die Durchführung in der Hand von

---

18 Der Belmont Report wurde von der Nationalen Kommission zum Schutz von Versuchspersonen in der biomedizinischen und der Verhaltensforschung, welche 1978 gegründet wurde, vorgelegt.

Ärzten bzw. von wissenschaftlichem Personal liegt, welches stets dem hippokratischen Eid und der ärztlichen Ethik verpflichtet bleibt: Es besteht weiterhin die Pflicht, das Beste für den (einzelnen) Patienten zu veranlassen und ihn nicht zu Schaden kommen zu lassen. Diese Pflicht muss natürlich primär aus der Logik der Arzt/Patienten-Beziehung gedacht werden, was oftmals in seinem absoluten Anspruch zu Problemen in der Praxis führen kann. In diesem Abwägen zwischen dem Vorteil bzw. dem Risiko für das Individuum einerseits und jenem der Bevölkerung andererseits, findet sich, wie gesagt, eine eindeutig biopolitische Dimension medizinischer Forschungsethik. Eine solche Entscheidung stellt, egal von welcher Instanz sie letztlich beeinflusst oder getroffen wird – dem Arzt, dem Patienten, einer Ethikkommission oder einer staatlichen Behörde – da sie in einem beweglichen kontingenten Feld getroffen wird, einen politischen Akt im Sinne Carl Schmitts dar. In der Praxis findet sich dieses Problem, so Rosenau, besonders deutlich in der Unterscheidung von therapeutischen und nicht-therapeutischen Studien, wobei jene den doppelten Zweck der gleichzeitigen Behandlung der Versuchspersonen und der Generierung eines objektiven medizinischen Wissens verfolgen, während nicht-therapeutische Studien rein dem Erkenntnisgewinn – der im Weiteren selbstverständlich der Bevölkerung zugute kommt – verpflichtet sind (Rosenau 2000: 107). Im Falle rein wissenschaftlicher Studien lässt es sich demnach wesentlich schwieriger argumentieren, die individuelle Versuchsperson einem Risiko auszusetzen.

Die „Einwilligung nach Aufklärung" oder das „informierte Einverständnis", stellt das zweite Grundprinzip dar, wonach eine medizinische Intervention ausschließlich dann durchgeführt werden darf, wenn der Patient im Bewusstsein der Risiken sein Einverständnis gegeben hat. So heißt es beispielsweise im ersten Punkt des Nürnberger Kodex:

> Die freiwillige Zustimmung der Versuchsperson ist unbedingt erforderlich. Das heißt, dass der Betreffende die gesetzmäßige Fähigkeit haben muss, seine Einwilligung zu geben; in der Lage sein muss, eine freie Entscheidung zu treffen, unbeeinflusst durch Gewalt, Betrug, List, Druck, Vortäuschung oder irgendeine andere Form der Beeinflussung oder des Zwanges; und genügend Kenntnis von und Einsicht in die Bestandteile des betreffenden Gebietes haben muss, um eine verständnisvolle und aufgeklärte Entscheidung treffen zu können. (Nürnberg Kodex, zitiert in Pethes *et al.* 2008)

Eine wirkliche derartige Kenntnis über das Experiment und seine potentiellen Begleiterscheinungen zu erlangen ist jedoch in der Praxis äußerst schwierig.

> The real issue is the extent and the detail of the information which must be provided. In principle, the duty to inform extends further, in the case of experiments, than would be the case for standard treatment, groundbreaking medical research implies an increased risk whose nature and extent may not be clearly understood at the time. (Rosenau 2000: 108)

Der strenge Fokus auf den Akt informierter Einwilligung lässt sich, so sind sich viele Kritiker einig, als ein gewünschter Idealzustand interpretieren, der jedoch in der realen Praxis des klinischen Alltags kaum zu praktizieren sei, da er ein absolut transparentes wie herrschaftsfreies Verhältnis zweier rationaler Individuen, Arzt und Patient, voraussetzt. Im Sinne Habermas' ließe sich eine solche Beziehung als ideale Situation kommunikativer Rationalität bezeichnen. Allerdings wurde eine solche herrschaftsfreie Idee sozialen Handelns oftmals auf theoretischer Ebene kritisiert und als den konkreten empirischen sozialen Gegebenheiten unangemessen bemängelt (vgl. Mouffe 2006).

Wie beispielsweise Oonagh Corrigan betont, stellt *informed consent* eine Doktrin dar, die den medizinischen Paternalismus und ärztliche Autokratie anzufechten versucht (Corrigan 2003). In diesem Sinne stellen die Konzepte "medizinischer Paternalismus/ *informed consent"* zwei Endpunkte eines theoretischen Spektrums dar, zwischen denen eine jede Praxis angesiedelt ist.

In ihrer empirischen Studie untersuchte Corrigan die reale Praxis der Einwilligung im klinischen Kontext, und kam zu folgendem Ergebnis:

> By examining the process of informed consent as experienced by participants in clinical drug trials, I argue that this process is not situated outside the realm of power, but rather such decisions are made in contexts where prevailing discourses and norms shape the field of freedom and choice. As Nikolas Rose claims, autonomy and choice cannot be understood as based on politically innocent premises, but as products of systems in which subjects are . . . obliged to be free. (Corrigan 2003: 771)

Und weiters:

> Informed consent is an important ethical tool that protects subjects from overt coercion but we cannot ignore the often-dependent relationship between patient and doctor. Informed consent is premised on an equitable doctor/patient relationship that cannot always be fully realized (ebd.: 788).

Die oftmals im klinischen Alltag vorherrschenden Strukturen sowie ein quasi-ideologisches Vertrauen in das Ethos des Arztes sowie in die Integrität medizinischen Wissens und Forschung prägen und bahnen sowohl die Aufklärungs- als auch die Entscheidungssituation, was jedoch nicht bedeutet, dass informiertes Einverständnis schlichtweg nicht möglich ist – jedoch ist es quasi unmöglich, es stets völlig zu garantieren. Wichtiger als das doktrinäre Beharren auf dem theoretischen Konzept des Einverständnis wäre es demnach zu untersuchen, wie und unter welchen Umständen eine sinnvolle und für die Patienten vorteilhafte Zustimmung möglich ist (vgl. ebd.).

Zahlreiche mitunter praktischer orientierte und empirisch geleitete Studien haben die mannigfaltigen konkreten Probleme analysiert, die das Ideal des *informed consent* in der Praxis sabotieren: die für Laien quasi unverständlichen Informationsbroschüren zur klinischen Studie, was mitunter dazu führt, dass Versuchspersonen nicht verstehen, ob sie im Endeffekt das Prüfpräparat oder doch ein Placebo erhalten; der Mangel an Information über (Behandlungs-)Alternativen; die manchmal auftretende Neigung von Patienten, den „Wünschen des Arztes" nachzukommen; finanzielle Interessen von Probanden in z.B. Phase-1-Studien, für welche die Einverständniserklärung damit zu einem rein formellen Akt wird; der zunehmende Druck auf Prüfärzte, Versuchspersonen zu rekrutieren; etc. (vgl. Caulfield 2005, Helft *et al.* 2004, Corrigan 2003, Puttagunta *et al.* 2001).

Zudem stellt sich die Frage nach Patienten, die aufgrund gewisser körperlicher oder psychischer Gegebenheiten zu einer selbstständigen Einwilligung nicht fähig sind. Zu dieser breiten Kategorie zählen „Minderjährige" wie „nichteinwilligungsfähige Erwachsene" (auf die in Artikel 4 und 5 der Richtlinie 2001/20/EG näher eingegangen wird). Unter letztere fallen sowohl Psychiatrie- wie Demenzpatienten oder Patienten mit akutem Trauma, z.B. nach einem Unfall. Das ethische Dilemma besteht darin, dass bei einem sehr rigiden Begriff von *informed consent* an all diesen Krankheiten oder medizinischen Zuständen nicht geforscht werden dürfe, was wiederum bedeutet, dass sich die Chance auf die Entwicklung einer nutzbringenden Therapie drastisch verringert (Singer/Müllner 2002, Rosenau 2000). In der juristischen Praxis wird das Problem so umgangen, dass ein gesetzlicher Vertreter für die Versuchsperson einwilligen kann, was aber beispielsweise bei Aufnahme von Patienten in notfallmedizinische Studien schwierig ist, da unter enormem Zeitdruck über die Intervention entschieden werden muss.[19]

Eine spezielle heikle Situation für beide Prinzipien stellen randomisierte blinde Studien dar, in denen das Prüfpräparat gegen ein Placebo getestet wird. Placebokontrollierte Studien sind demnach besonders heikel, da in ihnen die Grenze zwischen Behandlungsstudien und rein wissenschaftlichen Studien an Schärfe verliert (Rosenau 2000). Wenn man sich vergegenwärtigt, dass die meisten Prüfpräparate selbst in fortgeschrittenen Phasen der klinischen Entwicklung letzten Endes keine Zulassung erhalten, weil sie sich als schädlich oder schlichtweg unwirksam entpuppen, verstärkt sich das ethische Dilemma placebokontrollierter Studien, da nun ein sinnvoller Behandlungsanspruch völlig wegfällt: Eine Gruppe erhält ein wirkungsloses Placebo, eine weitere das in seiner Effektivität noch nicht überprüfte Prüfpräparat und eventuell eine weitere Gruppe das Standardmedikament. Aus diesem Grund erweisen sich Placebos lediglich in Studien zur Behandlung minderer Beschwerden oder Krankheiten als ethisch vertretbar.

Ein Überblick über die zentralen Punkte der medizinethischen Debatten hat nun einen schematischen Einblick gewährt, der erlaubt, die politisch-diskursive Funktion in zahlreichen Regulierungs- und Standardisierungsversuchen medizinischer Forschung besser interpretieren zu können. Nun gilt es, einen Schritt weiter zu gehen, und das Augenmerk auf eine Entwicklung zu richten, dass den ethischen Diskurs in seiner grundlegenden Dimension grundlegend zu transformieren scheint: das parallele Aufkommen einer Ethik der öffentlichen Gesundheit.

Vom Individuum zur Bevölkerung: Die Ethik der öffentlichen Gesundheit

> Das Arzt-Patient-Verhältnis ist das konstituierende Merkmal der Medizin. Public Health kann hingegen als die „öffentliche Sorge um die Gesundheit aller" verstanden werden. (Schröder 2007: 103)

In seinem energischen Plädoyer für die Ethik der Gesundheitswissenschaften will Peter Schröder vom Landesinstitut für den Öffentlichen Ge-

---

19 Dieser Punkt wird im Rahmen der Diskussion der Clinical Trials Directive 2001/20/EG und ihrer Kritik ausführlicher behandelt werden.

sundheitsdienst in der Bundesrepublik bewusst klare Grenzen ziehen. Sein Beitrag unter dem Titel *Public-Health-Ethik in Abgrenzung zur Medizinethik* stellt in gewissem Sinne einen biopolitischen Schlachtruf dar. Schröder fordert für das große öffentliche Gesundheitsmanagement auch eine eigene Bereichsethik, da jene an „moralische Herausforderungen" stößt, die im Rahmen traditioneller medizinethischer Zugänge nicht adäquat behandelt werden können.

> Ein konzeptioneller Rahmen für eine Public-Health-Ethik, der dem Gegenstand, der Perspektive, dem Fokus und der Sprache der Akteure sowie den Ausrichtungen relevanter Institutionen entspricht, fehlt. Eine ethisch akzeptable Public-Health-Praxis braucht jedoch eine Public-Health-Ethik. (Schröder 2007: 103)

Öffentliche Gesundheit gibt es als politische Praxis schon länger denn als akademische Disziplin und diese genießt im angloamerikanischen Raum eine weit längere Tradition als beispielsweise in Deutschland, wo das multidisziplinäre Fach der „Gesundheitswissenschaft" erst in den 1990er Jahren etabliert wurde. Es lohnt sich eine kurze Gegenüberstellung von Medizin und Public Health, um die Forderung nach einer zwar eigenständigen, aber durchaus ergänzenden Ethik für dieses Fach nachvollziehbar zu machen (vgl. Tabelle 1 in Schröder 2007: 110).

Während die wesentlichen Akteure in der Medizin Ärzte sind, so sind es im Bereich der öffentlichen Gesundheit akademische wie politische, öffentliche und private Gesundheitswissenschafter in interdisziplinär arbeitenden Teams. Auftraggeber sind nicht wie in der Medizin zunächst Individuen (Patienten) oder Krankenhäuser, sondern die Öffentlichkeit (Staat, Land, etc.), das Ziel nicht Patienten, sondern die Bevölkerung bzw. „vulnerable Gruppen". Methodisch gesehen steht nicht die Medizin als individuelle Heilkunst zentral in den Gesundheitswissenschaften, sondern die Epidemiologie – jedoch ergänzt durch eine Reihe sozialwissenschaftlicher und statistischer Methoden. Gehören zu den primären Aufgaben der Medizin die individuelle Heilung und Gesundheitsberatung, so geht es der öffentlichen Gesundheit vielmehr um Seuchenschutz, epidemiologische Forschung, Politikberatung, Regulation im Gesundheitswesen, Aufklärung der Bevölkerung über Gesundheitsrisiken, sowie um die Schaffung gesundheitserhaltender bzw. –fördernder Infrastrukturen.

In einem Wort: Es handelt sich hierbei um ein gigantisches Verwaltungsprojekt der Gesundheit der gesamten Bevölkerung. Kodiert die Medizin eher mit den Begriffspaaren gesund-krank oder normal-pathologisch, so hat die PH ihre Terminologie aus Statistik und Wahrscheinlichkeitsrechnung angenommen. Frei nach Michel Foucault lässt sich das Verhältnis von Medizin zu Public Health als biopolitische Doublette beschreiben: individualisierende und kollektivisierende Tendenzen – und in diesem Sinne ist das Phänomen der Public Health weder empirisch etwas Neues noch für die sozialwissenschaftliche Analyse. Haben wir zuvor festgehalten, dass Bioethik individuelle Gewissensfragen mit Fragen gesellschaftspolitischer Regulierung zusammenbringt, so könnte man Bioethik als das akademische Dach dieser Doublette verstehen, unter dem sich die medizinische Ethik (die sich wiederum aufgliedert in eine ärztliche, klinische, etc. Ethik) einerseits, und die Public-Health-Ethik (als Ethik der biopolitischen Steuerung auf gesellschaftlicher Ebene) andererseits befinden.

Interessant ist für uns hier, wenn wir uns mit Ethik beschäftigen, die konkrete Forderung nach einer Public Health Ethik, welche komplementär zu einer Medizinethik betrieben werden sollte, denn „Public-Health-Ethik und Medizinethik sollten um der unterschiedlichen Schwerpunkte, Entscheidungsebenen und Reflexionsvektoren willen nicht identifiziert oder in eine einseitige, asymmetrische Abhängigkeit gebracht werden" (Schröder 2007: 103). In Zeiten von Gesundheitsreformen und knappen Mitteln stellt sich die Frage der Allokation bzw. der gerechten Allokation von Gesundheitsgütern und -leistungen für eine solche Ethik (ebd., vgl. Paul 2008). Diese Transformation gesundheitspolitischer Rationalität lässt sich mit „from advocacy to allocation" auf den Punkt bringen: „Gemeint ist der ökonomisch stimulierte Effekt, dass Ärzte mehr und mehr in die Situation geraten, die Bedürfnisse des Patienten gegen die Notwendigkeit der Kostenkontrolle abzuwägen" (Paul 2008: 214).

Zusammenfassend lässt sich sagen, dass sich das Verhältnis der beiden Bereichsethiken, jene der Medizin und jene der öffentlichen Gesundheit, wie folgt charakterisieren lässt: Im Gegensatz zur Ethik in der Medizin stellen diverse (Risiko-)Gruppen bzw. die Bevölkerung das Subjekt der Public Health und ihrer Ethik. Für eine Diskursanalyse wäre es hier spannend anzusetzen und zu fragen, ob diese Entwicklungen Ausdruck einer graduellen Dezentrierung der dominanten Position des „Subjektes des Abendlandes" und des Primats des Individualismus in ethischen und politischen Diskursen – und damit zu einer Schwächung des liberalen Modells – darstellen.

Neue klinisch-ethische Modelle in Zeiten von Genetik und Biobanken?

Noch eine Fluchtlinie im ethischen Diskurs soll beleuchtet werden, die in einer gewissen Weise, obwohl aus unterschiedlichen Gegebenheiten hervorgehend, eine ähnlich interessante Transformation des ethischen Diskurses anzudeuten scheint, wie der zuvor besprochene Diskurs der Ethik der öffentlichen Gesundheit: eine sich abzeichnende Entwicklung von einer individualistischen zur kollektivistischen Orientierung innerhalb der Ethik, die mit be- wie anerkannten ethischen Modellen, wie z.B. dem *informed consent* in seiner derzeitigen Form, zu brechen scheint.

Aufgrund biomedizinischer Neuerungen und der damit verbundenen neuen Modelle klinisch-wissenschaftlicher Forschung, wie beispielswiese der (Pharmako-)Genetik oder dem Aufkommen von Blut- und Gewebebanken, entstehen mitunter neue Herausforderungen, welche Grundsatzdebatten sowie scheinbar einen Neuentwurf klinisch-ethischer Modelle erfordern. Die von der Ethikkommission der Medizinischen Universität Wien und des AKH erlassenen „Leitlinien zur Gestaltung der Patienten- bzw. Probandeninformation und der Einverständniserklärung bei genetischen Studien" (Mannhalter *et al.* 2001) betreten, so Hans-Martin Sass, „klinisch und ethisch Neuland und werden die weltweite Diskussion um die Notwendigkeit von klinisch und ethisch effizienten Modellen der medizinischen Forschung [...] beeinflussen können" (Sass 2001: 863).

Das Problem stellt sich wie folgt: Die Hinwendung zur Genetik in medizinischer und pharmakologischer Forschung markiert eine Veränderung der Rationalität und der Verfahrensweisen in der Grundlagenforschung sowie in der Arzneimittelentwicklung (vgl. Roche 2007c). Beispielsweise untersucht die Pharmakogenetik die Auswirkungen der Aufnahme, Metabolisierung, Ausscheidung, etc. von Wirkstoffen in Hinblick auf Variationen in den einzelnen Basensequenzen der DNA. Das Protein Cytochrome P450, das in der Leber für den Stoffwechsel von einem Viertel aller Arzneimittel eine erhebliche Rolle spielt, wird von einem Gen produziert, dass bisher in über 50 Varianten bekannt ist – und damit kann es bei einzelnen Patienten zu wesentlich unterschiedlichen Reaktionen auf ein und denselben Wirkstoff kommen. Pharmakogenetisch begründete klinische Forschung zielt nun darauf ab, nicht ein Medikament für eine Krankheit, sondern eine individualisierte – d.h. auf die genetische Konfiguration des Patien-

ten angepasste – Therapie zu entwickeln. Dafür ist es nötig, Blut- oder Gewebeproben von den Zielgruppen zu sammeln („DNA Banking").[20]
Doch wo stellt sich nun das Problem für die Ethik? Wie wir gesehen haben, bildet *informed consent* das zentrale Kriterium für die gute klinische Praxis bei klinischen Studien, wobei das Einverständnis idealtypischerweise auf eine bestimmte Intervention oder ein bestimmtes Verfahren abzielt – das bedeutet, dass der Patient nach erfolgreicher Aufklärung im Wesentlichen zwei Alternativen hat: mitmachen oder nicht mitmachen (Sass 2001).

Nun ist es aber so, dass das gesammelte biologische Material in DNA-Banken nach diesem Modell nur ein einziges Mal legal verwendet werden dürfte, was für die medizinisch-wissenschaftliche Forschungspraxis ein Hindernis darstellt, da somit für jede weitere Verwendung – wenn man z.B. eine neue Korrelation zwischen einem Protein und einer Krankheit zu entdecken sucht – eine weitere Einholung des Einverständnisses der Spender vonnöten wäre, was einen ungemeinen zusätzlichen bürokratischen wie finanziellen Aufwand bedeuten würde.

In diesem Sinne stellen die oben erwähnten „Leitlinien" der Medizinischen Universität Wien eine Neuerung dar, indem sie statt von (einmaliger/einseitiger) Einwilligung nun von Vertragsgestaltung spricht. Hierbei wird nun der Patient um seine „Mitarbeit bei klinischer Forschung" gebeten und – selbstverständlich mit Recht auf Vertragsrücktritt – um sein Vertrauen gebeten, zukünftige Forschung bei gleichzeitiger Information darüber (falls erwünscht) zu unterstützen. Das neue Modell, das als „Vertragsgestaltung statt Einverständniserklärung" bezeichnet werden kann, muss sich freilich mit Fragen beschäftigen, die mit jenen der Genforschung und DNA-Banking zusammenhängen: der Datensicherheit sowie der Lagerung und gegebenenfalls der Vernichtung des Materials; der Richtlinien zur Aufklärung und zur Information von Spendern (inkl. dem „Recht auf Nichtinformation"), etc.

Sass sieht in den Leitlinien einen wichtigen Schritt für die Weiterentwicklung ethischer Prinzipien und Etablierung guter klinischer Praxis in Bezug auf Transformationen biomedizinsicher Forschung und bedauert, dass in jüngeren politischen Initiativen der Erfordernis einer solchen ethischen Adaption nicht Rechnung getragen wurde.

---

20 Natürlich täuscht der Ausdruck „individualsierte Medizin": Es geht weniger um Individuen, als um Gruppen von Individuen mit ähnlichen SNP-Variationen in ihrer DNA (vgl. Prainsack/Naue 2006, Hedgecoe 2004).

Ein Wandel von grundsätzlicher Bedeutung auch für den klinisch-ethischen Rahmen der medizinischen Forschung deutet sich an. Die neueren Guidelines der WHO, des European Forum for Good Clinical Practice, die EU Directives zu Klinischen Prüfungen von 2001 und auch die kürzlich revidierte Helsinki Deklaration orientieren sich leider immer noch an dem alten paternalistischen Modell und bleiben insofern hinter den Perspektiven den Leitlinien der Ethikkommission der Medizinischen Fakultät der Wiener Universität zurück (Sass 2001: 865).

Zwischen industriellen Erfordernissen und ethischen Ansprüchen?

Zusammenfassend lässt sich sagen, dass in den letzten Jahren die Bedeutung der institutionalisierten Ethik im klinischen Feld immens zugenommen hat (vgl. Paul 2008, Vollmann 2007). Auf der einen Seite haben eine Vielzahl von Skandalen der letzten Jahrzehnte, welche an die Öffentlichkeit drangen, das Feld der klinisch-medizinischen Forschung insofern beeinflusst, dass Forderungen nach strengeren Kontrollen und institutionalisierten ethischen Verfahrensweisen laut wurden, und von Seiten der Politik zumindest ansatzweise implementiert wurden (vgl. Daemmrich 2004, 2002; Maio 2001). Gute klinische Praxis scheint heutzutage zu einer *conditio sine qua non* medizinischer und pharmazeutischer Forschung geworden zu sein, welche die praktische Realisierung ethischer Prinzipien, deren Kern die Achtung des Individuums, seine Autonomie und Würde darstellen, zum Ziel hat.

Zum anderen scheint es jedoch, dass biomedizinische bzw. klinische Ethik Teil einer Regierungstechnologie geworden sind, der sich das Feld der Gesundheitspolitik bedient (Gottweis *et al.* 2004). Nichtsdestotrotz bleibt medizinisch-klinische Forschung gerade aufgrund der Tatsache brisant, dass sie Menschen und ihrer Körper gewissermaßen als kruden Forschungsmaterials bedarf. Die Risiken solcher Interventionen werden stets gegen einen Nutzen abgewogen werden, seien dies ein individueller therapeutischer Nutzen oder ein medizinisch-wissenschaftlicher Nutzen für die Gesellschaft. In diesem Sinne werden im Rahmen ethischer Überlegungen immer die Grenze und das Maß verhandelt werden müssen, in denen medizinische Forschung am Menschen vollzogen werden darf und soll. Ethik klinischer Forschung als Regierungstechnologie dient somit beiden biopolitischen Zielen: dem Schutz des Individuums und der Förderung der öffentlichen Gesundheit.

2.2 Überblick über die politische Ökonomie der pharmazeutischen Industrie

Pharmaindustrie: zwischen Forschung und Marketing

Bei der pharmazeutischen Industrie handelt es sich um eine weltweit operierende Großindustrie, deren Hauptabsatzmärkte vor allem die USA sowie Europa und Japan sind. Auf USA und EU zusammen entfallen jährlich 65 Prozent aller Medikamentenkäufe (Daemmrich 2004). Alle der zehn wirtschaftlich erfolgreichsten pharmazeutischen Konzerne – fünf davon US-amerikanisch, fünf europäisch[21] – finden in den USA ihr größtes Profitzentrum. 2003 steigen die weltweiten Ausgaben für Pharmazeutika auf fast 500 Milliarden US$, wobei nahezu die Hälfte davon auf USA und Kanada entfallen (Kleinman/Petryna 2006) Dieses Faktum ist mitunter der besonderen (pharma-)industriefreundlichen Gesetzeslage in den USA geschuldet, die als einziger westlicher Industriestaat den Preisanstieg für Pharmazeutika nicht in irgendeiner Weise zu regulieren sucht (vgl. Angell 2004). Das Hauptargument der Pharmaindustrie für die Rechtfertigung stetig steigender Preise sind die steigenden Kosten für Forschung und Entwicklung neuer Arzneimittel, welche sich durch beispielsweise strengere behördliche Auflagen für klinische Studien oder den vermehrten internationalen Wettbewerb erklären lassen. So wirbt beispielsweise der Pharmakonzern Roche auf seiner Webpage mit folgender Zahlenästhetik:

1,000.000.000	US$ investment
1,000.874	hours of work
6,587	experiments
423	researchers
1	drug

(Roche Global Website 2009)

Der Dachverband der US-Pharmaindustrie (PhRMA) behauptet, dass jede Form staatlicher Preiskontrolle den Etat für Forschung und Produktentwicklung der Industrie schmälern würde und somit weniger neue und

---

21 Durch die Fusionswelle innerhalb der letzten Jahre scheint es so etwas wie nationale Pharmakonzerne im klassischen Sinn nicht mehr zu geben. Vielmehr handelt es sich um multinationale Unternehmen, die versuchen, ihre Produkte global zu vermarkten (vgl Daemmrich 2004). Ebenso findet die Entwicklung in einem globalen Kontext statt.

medizinisch innovative Medikamente auf den Markt kämen (Relman/Angell 2002). Mit Sicherheit lässt sich bestätigen, dass die große Pharmaindustrie in der Forschung und Entwicklung eine beträchtliche Rolle spielt: Sie kommt für rund 48 Prozent aller unternehmensfinanzierten privaten biomedizinischen und pharmazeutischen Forschung auf, und beschäftigt 5 Prozent aller Wissenschafter in diesem Bereich (Daemmrich 2004).
Kritiker der Pharmaindustrie halten diesem Argument jedoch zwei Einwände entgegen. Zum einen steigen jedes Jahr die Gewinne dieser Industrie erheblich, und zwar im Vergleich zu anderen Branchen in einer überproportionalen Weise. Im Jahre 2002 verzeichneten die Top-10 Konzerne einen Anstieg des Bruttogewinnes um 17 Prozent, wobei der Durchschnitt aller anderen Industrien bei 3,1 Prozent lag (Pfizer, der Industrieführer unter den Großkonzernen, verzeichnete alleine einen Anstieg von 26 Prozent). Im Jahre 2003 war das Verhältnis 14 zu 4,6 Prozent (vgl. Angell 2004). Im Lichte der enormen Nettogewinne erscheint das Argument, dass derart hohe Preisanstiege bei Arzneimitteln zur Wahrung pharmazeutischer Qualität und Innovation vonnöten wären, ein wenig fadenscheinig.
Ein weiterer Einwand ist, dass die pharmazeutische Industrie gar keine derart hohen Ausgaben für Forschung und Entwicklung hätte, wie sie selbst jedoch gerne behauptet, wohingegen die Ausgaben für das Marketing ihrer Produkte die Forschungsausgaben um ein Vielfaches überschreiten. In den 1990er Jahren gab die Pharmaindustrie durchschnittlich 35 Prozent ihrer Erträge für *marketing and administration* aus und lediglich 11 bis 14 Prozent für F&E. Dieses Verhältnis scheint bis dato in diesem Jahrhundert fortzubestehen. Die Frage ist natürlich eine der statistischen Berechnung: Was fällt alles unter Marketing und Administration, was unter Forschung? Laut einem Bericht von PhRMA aus dem Jahr 2000 waren über ein Drittel des Personals im Bereich Marketing zuständig und 12 Prozent im administrativen Bereich (ebd.). Es lässt sich festhalten, dass Marketing zu den vorrangigsten Aufgaben der Pharmaindustrie gezählt werden kann.
Brisant wird es, wenn im Gegenlicht der pharmazeutischen Rhetorik untersucht wird, welche Aufgaben vorwiegend in den Marketingbereich fallen. Zum einen wäre hier die Schulung medizinischen Fachpersonals zu nennen. Da im Unterschied zu den meisten anderen Branchen die Pharmakonzerne ihre Produkte gewöhnlich nicht direkt bei den Konsumenten (den Patienten) bewerben, sondern auf indirektem Wege Ärzte sowie Apotheken überzeugen müssen, ihre Produkte zu verschreiben oder zu

empfehlen, stellt diese „Schulung" eine essentielle Verkaufsstrategie dar, und äußert sich in der Organisation von Informationsveranstaltungen und Tagungen, oder indem Probepackungen von vorwiegend Analogpräparaten kostenlos an Arztpraxen geliefert werden, um Ärzte von ihrem Nutzen zu überzeugen (ebd.).

Ein gegenwärtiger Trend des Marketing, der bisher jedoch nur in den USA und in Neuseeland gesetzlich erlaubt ist, stellt das so genannte *direct-to-consumer advertising* dar, das heißt das direkte Bewerben rezeptpflichtiger Arzneimittel bei Patienten. Studien belegen, dass sich diese Werbestrategie wesentlich auf die Verkaufsquote auswirkt, da Patienten auf neue therapeutische Optionen aufmerksam gemacht werden, und viele daraufhin bei ihrem Arzt sich nach dem Medikament erkundigen oder seine Verschreibung erbitten (vgl. House of Commons Health Committee 2005). Weiters ergeben einige soziologische Studien, dass Pharmakonzerne zunehmend beginnen, Krankheiten anstelle von Medikamenten zu „bewerben", um so das Bewusstsein für Krankheiten, die eventuell nicht als solche wahrgenommen wurden zu schaffen, um neue Märkte zu kreieren.

> [Drug companies] try to persuade people in affluent countries that they are suffering from conditions that need long-term treatment. Thus, millions of normal people come to believe that they have dubious or exaggerated ailments such as „generalized anxiety disorder", „erectile dysfunction" [etc.]. (Angell 2004: 1452) [22]

Abgesehen davon, dass die besagten Kosten für Forschung keinen derart großen Anteil an Ausgaben der Pharmaunternehmen darstellen, wie es die Industrie gerne behauptet, finden sich zwei weitere interessante Punkte in diesem Zusammenhang.

Zum Ersten kann eine genaue Analyse der Produktionsweisen und -wege von Pharmazeutika zeigen, dass die Pharmabranche kein derart innovatives und primär forschungsgeleitetes Unternehmen darstellt, wie es zunächst den Anschein macht. Von allen Anträgen (den so genannten *new*

---

22   Ein anderes Beispiel stellen die verstärkten Bemühungen im Falle von Fibromyalgie dar, dieses Syndrom als behandelbar und behandlungswürdig zu bewerben, als 2005 das Medikament Lyrica von Pfizer auf den Markt gebracht wurde. Diese ökonomischen Strategien scheinen eine bestimmte Form biopolitischer Subjektivierung zu erfordern, die in engem Zusammenhang mit Konzepten wie Biosozialität, somatische Individualität oder biologischer Staatsbürgerschaft stehen (vgl. Rabinow/Rose 2006, Rose/Novas 2005, Rose 2001).

drug applications), die bei der zuständigen amerikanischen Regulierungs- und Zulassungsbehörde FDA vorgelegt und genehmigt worden sind, handelte es sich bei lediglich 14 Prozent um innovative Medikamente, welche eine therapeutische Neuerung oder Verbesserung darstellten. Über zwei Drittel aller neu zugelassenen Präparate enthielt nicht einmal ein neues aktives Molekül, was bedeutet, dass es sich hierbei um Analogpräparate handelt. Diese so genannten Analogpräparate oder *me-too drugs* stellen für Pharmakonzerne einen großen wirtschaftlichen Vorteil dar: Da es sich dabei um Medikamente handelt, die bis auf kleine, unwesentliche Änderungen in der chemischen Zusammensetzung mit anderen, bereits approbierten Medikamenten identisch sind, lassen sich dadurch Patente auf informelle Weise verlängern (im Falle der Herstellung durch den gleichen Konzern) oder neue lukrative Märkte erschließen (durch einen konkurrierenden Konzern). Weil solche Analogpräparate billiger zu entwickeln sind, und ein viel kleineres Risiko besteht, dass die Entwicklung abgebrochen werden muss, scheinen sich Pharmakonzerne zunehmend auf sie zu verlagern (Angell 2004).

Ein weiteres Faktum, dass dem Ruf von der „innovativen Industrie" Abbruch tut, ist, dass in vielen Fällen die ersten entscheidenden – und tatsächlich wissenschaftlichen – Schritte auf der Suche nach neuen Wirkstoffen meist nicht von den großen Unternehmen getätigt werden, welche die Produkte schlussendlich vermarkten, sondern von kleinen unabhängigen Unternehmen oder öffentlichen Forschungseinrichtungen. Da diese aber die umfangreiche und kostenintensive klinische Entwicklung nicht finanzieren können, suchen sie oft die Zusammenarbeit von Industriegiganten, welche sodann einen erheblichen Teil der Patentrechte fordern oder das Unternehmen aufkaufen. Ein weiterer Einwand gegen das Kostenargument der Großindustrie ist, dass in vielen Fällen diese innovative biopharmazeutische Grundlagenforschung von öffentlicher Hand finanziert wird (Relman/Angell 2002).

Entwicklung neuer Produkte

Wenn man erfahren will, wie viel es durchschnittlich kostet ein neues Medikament auf den Markt zu bringen, finden sich sehr unterschiedliche Angaben. Eine renommierte Studie unter der Leitung des etablierten Gesundheitsökonomen Joseph DiMasi[23] behauptet, dass ein Unternehmen

---

23 Joseph DiMasi gilt als etablierter Gesundheitsökonom und dezidierter Fürsprecher der Pharmaindustrie (vgl. Consumer Project on Technology 2008).

über einen Zeitraum von zehn bis vierzehn Jahren eine Summe von 500 Millionen US$ investieren müsse, um ein Medikament auf den Markt zu bringen. (DiMasi *et al.* 2003). Andere Studien kritisieren die Art und Weise, wie die ökonomische Analyse durchgeführt wurde – sie sei zwar methodisch korrekt, bediene sich jedoch sehr „pharmafreundlicher" Parameter bei der Messung – und behaupten, 75-150 Millionen US$ würden eher der Realität entsprechen (vgl. Hedgecoe 2004). Eine kritische Auseinandersetzung findet sich im *Public Citizen* von 2002, welche die Studie von DiMasi diskutiert. Neben einer detaillierten ökonomischen Diskussion der Studie DiMasis werden folgende Kritikpunkte genannt. DiMasi und sein Team untersuchen in ihrem Sample lediglich Medikamente, die gänzlich *in-house* entwickelt und erforscht werden, das, wie zuvor erwähnt, heutzutage die Ausnahme darstellt). Weiters werden bloß jene Medikamente untersucht, die ein neues Wirkmolekül enthalten. Das wäre nicht weiter schlimm, doch hat es für die Interpretation der Studie Auswirkungen: Wie gezeigt wurde, profitieren Pharmafirmen wesentlich von Analogpräparaten, welche wesentlich günstiger und risikoärmer in der Produktion sind und zwei Drittel aller „neuen" Medikamente ausmachen. Die Studie wird jedoch gerne dazu verwendet, generell die Produktionskosten *aller* „neuen" Medikamente einzuschätzen (vgl. Frank 2003, Relman/Angell 2002).

Ökonomisierung und Globalisierung

Es hat sich gezeigt, dass die Rolle der Pharmaindustrie in der präklinischen Entwicklung oft überschätzt und jene von akademischer Forschung und innovativen Kleinunternehmen unterschätzt wird. Doch in einem Bereich scheinen die großen Konzerne ihrer Rolle gerecht zu werden: in der Planung, Durchführung und Finanzierung klinischer Studien. Wenn erste klinische Prüfungen neuer Wirkstoffe (Phase 1) noch hin und wieder von einzelnen Prüfärzten initiiert und in Unikliniken monozentrisch durchgeführt werden, so gilt das ganz bestimmt nicht für die großen, multizentrischen Zulassungsstudien (Phase 3), welche oft mehrere tausend Patienten einbinden und eine hohe Laufzeit haben (müssen), um das Studienziel – den statistischen Nachweis des erwünschten therapeutischen Effekts – erreichen zu können. Doch auch dieser Sektor der pharmazeutischen Industrie durchlebte in den letzten ein bis zwei Jahrzehnten eine tief greifende Transformation: Das Aufkommen von Auftragsforschungsinstituten (*Contract Research Organizations*, CROs) trug zu einer substantiellen Neuverteilung der Aufgaben zwischen Konzernen und Kliniken bei. CROs stellen eine neue große Industrie dar, die sich zur Aufgabe gemacht hat, den Pharmakonzernen im Bereich klinischer Prüfungen ihre Dienste anzubieten (Petryna 2009, Epstein 2008, Mirovsky/Van Horn 2005). Berichten zufolge existieren weltweit über 1000 CROs, welche im Jahr 2001 Einnahmen von fast acht Milliarden US$ erwirtschafteten. Die Tendenz ist steigend: Waren es 1992 erst 12 000 Beschäftigte in CROs, waren es 2001 schon 94 000. Ebenso hat sich im selben Zeitraum die Zahl der von CROs rekrutierten Versuchspersonen von sieben Millionen auf 20 Millionen nahezu verdreifacht. (Mirovsky/Van Horn 2005). Diese Entwicklung ist Teil eines Phänomens, nämlich dass sich die Planung, Koordination und die Durchführung klinischer Studien sowie auch die Auswertung der Ergebnisse zunehmend in den privaten Sektor verlagern, und sie damit in noch größerem Umfang dem globalen Wettbewerb unterliegen.[24] Die steigende Ökonomisierung und die Globalisierung medizinischer Forschung sind untrennbar miteinander verbunden. Indem Forschung als eine dem Markt und dem freien Wettbewerb unterworfene Industrie begriffen wird, ergeben sich daraus ähnliche Konsequenzen wie bei anderen Industriezweigen: Rationalisierung und betriebliche Effizienz stellen die Leitparadigmen der globalen klinischen Entwicklung neuer Arzneimittel dar. Pharmakonzerne reagierten auf den zunehmenden Druck seit den 1980er Jahren mit einerseits einer großen Fusionswelle, andererseits mit Auslagerung in Billiglohnländer und drittens durch Auslagerung gewisser Aufgaben an Drittunternehmen: die CROs (vgl. Pertryna 2009, 2005; Kleinman *et al.* 2006; Sunder Rajan 2008, 2006; Mirovsky/Van Horn 2005). Die mit dem Phänomen der globalen klinischen Versuche einhergehenden Aporien und Diskrepanzen zwischen der Vorstellung transnationaler Forschung, internationaler Harmonisierung ihrer Regulierung und universellen bioethischen Standards einerseits, und der tatsächlichen Variabilität von Normen und ihrer Anwendung andererseits, werden von Adriana Petryna (2009) dargestellt.

Die Pharmaindustrie und ihr Verhältnis zum Staat

Interessant ist auch die Interdependenz zwischen Staat und Industrie. Wie keine andere Industriebranche scheint die Pharmaindustrie auf den

---

[24] Das damit verbundene (ethisch bedenkliche) Problem des *competitive enrollment* wird an einer anderen Stelle der Arbeit diskutiert.

Staat angewiesen zu sein: Der pharmazeutische Sektor zählt zu den am stärksten regulierten Industrien weltweit (Carpenter 2004). Wie Relman und Angell bemerken,

> this industry is hardly a model of free enterprise. It may be free to decide which drug to develop and to set its own prices, but its lifeblood is government-granted monopolies – in the form of patents and FDA-approved exclusive market rights. (Relman/Angell 2002: 28)

Vor diesem Hintergrund erscheint es verständlich, dass die pharmazeutische Industrie eine derart große wie einflussreiche Lobby installiert hat. In Washington DC finden sich angeblich mehr Lobbyisten der Pharmaindustrie als Kongressabgeordnete (Angell 2004). Aufgabe der Lobby ist es vornehmlich, eine industriefreundliche Gesetzgebung voranzutreiben und Profite dahingehend zu schützen, dass sie einer möglichen Preisregulierung von staatlicher Seite entgegenwirken.

2003 bezahlte die US-Pharmaindustrie 675 Lobbyisten von 138 Unternehmen, was sieben Lobbyisten pro Senator ausmacht. Im selben Jahr betrugen die direkten Kosten für Lobbying 91 Millionen US$, zuzüglich weiterer 50 Millionen für indirekte Lobbyaktivitäten wie Werbung, Spenden für Interessensgruppen, etc. (*Public Citizen* 2003). Als Resultat dieses Kostenaufwandes zeichnet sich eine deutliche Protektion und Gesetzgebung im Sinne der Pharmaindustrie ab (Angell 2004).

Es scheint, als hätte die Pharmaindustrie den Staat in der Hand. Doch anhand zweier Beispiele lässt sich zeigen, inwiefern Regierungen ihrerseits manchmal Druck auf die Pharmaindustrie ausüben können. Als vor wenigen Jahren die Preise für AIDS-Medikamente rasant anstiegen und daraufhin eine Anzahl von nicht-westlichen Ländern (darunter Südafrika, Brasilien, Indien, Thailand) ankündigte, sich über international geltendes Patentrecht hinwegzusetzen, um auf staatliche Initiative hin antiretrovirale Medikamente zu entwickeln, antworteten die Pharmakonzerne zunächst mit Klagen bei der World Trade Organization. Als dies aber die Regierungen dieser Länder nicht von ihren Vorhaben abzubringen schien, reagierten sie auf diese Krise mit deutlichen Preissenkungen (Daemmrich 2004). Ein anderes Beispiel ist interessanterweise in Zusammenhang mit Staatssicherheit und (Bio-)Terrorismus zu finden: Als im Herbst 2004 die Gefahr von breitflächigen Anthrax-Anschlägen heftig diskutiert wurde, erwogen die USA und Kanada, Bayers Patentrecht für sein Antibiotikum Ciproflaxin zu ignorieren und die Produktion von Generica zu erlauben. Daraufhin sah sich Bayer gezwungen, den Preis von Ciproflaxin wesentlich zu reduzieren und große Mengen des Medikaments für den Notfall bereitzustellen (ebd.).[25]

Zusammenfassend lässt sich festhalten, dass sich auch hier zwei unterschiedliche Stories wiederfinden. Einerseits stimmt es, dass der „Druck auf die Pipeline" in den letzten Jahren rapide gestiegen ist und dass sich das kompetitive Klima in dieser Industriebranche deutlich angespannt hat (durch zunehmende Globalisierung; durch das Auftreten von Konkurrenten aus den vormaligen Entwicklungsländern wie etwa Indien, China, Korea; durch Fusionen, etc.). Demnach reagiert die Industrie nur auf sozioökonomische Veränderungen, um das gewohnte wie gewünschte Maß an Innovation und medizinischem Fortschritt zu garantieren. Doch zugleich entpuppt sich auch ein kritischeres Bild auf den Sektor: hohe Gewinne durch immer teurere Medikamente, Patentkriege, Auslagerung in Entwicklungsländer verbunden mit ethischer und regulatorischer Variabilität, ein hohes Maß an staatlicher Protektion trotz Freihandelsrhetorik, etc. malen ein weniger rosiges Bild der politischen Ökonomie pharmazeutischer Forschung.

2.3 Vom Labor in die Gesellschaft – der Weg durch die Pipeline

In diesem Abschnitt der Arbeit werde ich versuchen den Weg zu skizzieren, den ein neuer Wirkstoff gehen muss, bevor er schließlich als Arzneimittel zum Vertrieb zugelassen wird. Diese lange Reise nimmt ihren Ausgangspunkt im Labor, wo Forscherteams zunächst tausende Moleküle testen und selektieren, geht über die Klinik – das quasi-experimentelle Labor, in dem das Präparat am Menschen getestet wird – bis hin zu den Zulassungsprüfungen der zuständigen nationalen Behörden, bevor es schließlich approbiert wird und auf den Markt kommt.

---

25   Dieses spannende Verhältnis von staatlicher Biopolitik der öffentlicher Gesundheit in Zeiten von akuten oder potentiellen Krisen durch beispielsweise virale Infektionen (z.B. SARS, H1N1) oder biologische Kampfstoffe kann hier leider nicht weiter ausgeführt werden. Auch hier findet sich ein Brennpunkt zur Analyse komplexer biopolitischer Zusammenhänge.

Methodisch gesehen stellt das Kapitel bloß eine Konstruktion eines idealtypischen Prozesses dar, da klinische Studien sowie Zulassungsprozeduren trotz der Versuche internationaler Harmonisierung und Standardisierung immer hochgradig fallspezifisch bleiben (Variationen von Land zu Land, Sponsor zu Sponsor, Prüfstoff zu Prüfstoff, etc.). Zudem werden auch nur die für eine sozialwissenschaftliche Untersuchung relevanten Details der klinischen Forschungs- und Entwicklungspraktiken beschrieben.

Viel versprechende Moleküle: Entdeckung und präklinische Entwicklung neuer Arzneimittel

Die Art und Weise, wie seit einigen Jahrzehnten nach neuen Medikamenten und viel versprechenden Wirkstoffen gesucht wird, unterscheidet sich maßgeblich von früheren Methoden der Suche nach Heilmitteln. Früher blieb oft entweder als einziger Weg der Rückgriff auf traditionelle Heilmittel, die es zu verstehen und chemisch zu reproduzieren galt, oder aber ein Wirkstoff wurde zufällig entdeckt. Neue Erkenntnisse der molekularen Vorgänge, welche Einsicht in die Ursache und den Ablauf zahlreicher Krankheiten brachten, revolutionierten nachhaltig die pharmazeutische Forschung. Neue Ansätze der Arzneimittel- bzw. Wirkstoffforschung haben demnach zum Ziel, zunächst die Krankheit auf molekularer Ebene zu verstehen, um im Anschluss daran so genannte Targets zu identifizieren. Bei Targets handelt es sich um gewisse Moleküle, z.B. ein spezielles Enzym oder einen Rezeptor, denen eine wichtige Funktion bei der Krankheitsentwicklung zukommt, und auf welche das potenzielle Arzneimittel einzuwirken sucht. Demnach beschäftigt sich die Pharmaforschung anfangs zunächst mit der Selektion, Herstellung und Klassifikation von potentiellen chemischen Substanzen bzw. Molekülen. Dank Entwicklungen auf dem Gebiet der Bioinformatik und der computergestützten Modellerstellungsverfahren erweist sich dieser Arbeitsschritt als weniger aufwendig als vermutet: Durch ein spezielles automatisiertes Verfahren, das so genannte Hochdurchsatzverfahren (*high-throughput screening*), ist es möglich, täglich zehntausende Moleküle hinsichtlich gewisser Eigenschaften zu untersuchen. Alle möglichen Treffer (*hits*) werden aussondiert, um schließlich weiteren Testungen unterzogen zu werden. Hier jedoch stößt die einfache computerisierte Methode an ihre Grenze, da dieses Hochdurchsatzscreening lediglich auf *in vitro* Tests beschränkt bleibt, bei welchen gewisse relevante Eigenschaften (wie beispielsweise der Transport des Moleküls durch Membrane) nicht erforscht bzw. getestet werden kann – was aus heutiger Perspektive Tierversuche und später klinische Studien am Menschen unumgänglich macht. Von ungefähr zehn Tausend gescreenten Molekülen erscheinen lediglich hundert als für die Weiterentwicklung geeignet bzw. Erfolg versprechend, und werden daraufhin in Zellkulturen hinsichtlich gewisser biochemischer Reaktionen (wie z.b. erste Anzeichen von Toxizität) getestet. Von diesen werden nur ungefähr 20 Prozent als sicher erachtet, um für Labortierversuche zugelassen zu werden (vgl. PhRMA 2001).

Hier sei angemerkt, dass ab dem Zeitpunkt, an dem ein Molekül im Labor getestet wird, das Unternehmen bzw. die Forschungseinrichtung üblicherweise ein Patent anmeldet, wobei der Hersteller meistens mehrere Moleküle zugleich patentieren lässt. Das bedeutet, dass ein Wirkstoff, bevor überhaupt ein klinischer Nutzen bestätigt ist und rund zehn Jahre bevor er eventuell in Form eines Medikaments zugelassen wird, schon patentrechtlich geschützt wird – die weitere Zeit der Entwicklung, so beklagt die Industrie, geht somit auf Kosten der Firma.

Hierbei soll daran erinnert werden, dass, wie bereits zuvor dargelegt wurde, diese erste Phase der *drug discovery* meistens nicht von den großen pharmazeutischen Konzernen durchgeführt wird, welche im Anschluss daran die klinische Entwicklung durchführen und das Präparat letztlich vermarkten. Wie Marcia Angell betont, steht das im Widerspruch zu dem, was die Pharmaindustrie gerne glauben macht, um sich als eine „innovative" Industrie darzustellen, welche vorrangig in der Forschung tätig ist, um neue Arzneimittel zu entdecken. Zahlreiche Studien bestätigen, dass der Großteil dieser innovativen Grundlagenforschung von kleinen Biotechnologiefirmen oder von akademischen sowie staatlich geförderten Forschungsinstituten betrieben wird. In zahlreichen Fällen kaufen große Pharmakonzerne die Patente bzw. oft die ganzen Firmen in der präklinischen Entwicklungsphase auf, wenn die bisherigen Ergebnisse für einen therapeutischen und damit kommerziellen Erfolg sprechen (vgl. Relman/Angell 2002, Angell 2004).

Die Einhaltung (heute meist schon weitgehend international etablierter) Standards zur guten Herstellungspraxis (*Good Manufacturing Practice*, GMP) und guter Laborpraxis (GLP) spielt in der präklinischen Entwicklung eine große Rolle, da Abweichungen oder schon kleine Ungenauigkeiten in der Fabrikation von Prüfstoffen oder Arzneimitteln, die zunächst in kleinsten Mengen, später jedoch in Mengen auf Kilo- oder Tonnenskala produziert werden, drastische Effekte auf die Gesundheit der Patienten haben können. Demnach versuchen Hersteller den genauen Prüfungen der zuständigen Behörden durch Einhaltung der GMP und GLP vorzubeugen, da sie bei Verstößen mit Sanktionen und eventuell einem Abbruch der Entwicklung zu rechnen haben. Bevor eine Prüfsubstanz nun für klinische Studien zugelassen wird, das heißt, bevor sie zum ersten Mal am Menschen getestet wird, muss nachgewiesen werden, dass die Substanz keine toxischen Reaktionen oder andere unerwünschte Wirkungen herbeiführt.

Klinische Studien an menschlichen Versuchspersonen

Klinische Studien dienen der vergleichenden Erprobung neuer Medikamente, anderer Behandlungsverfahren (z.B. Operationen) oder medizinischer Geräte an Menschen. Hier beschäftige ich mich jedoch vorwiegend mit klinischen Medikamentenstudien.

Ein kurzer Exkurs zur Terminologie: eine Reihe soziologischer Untersuchungen haben ergeben, dass die Wahl des Begriffes für die Perzeption in der Öffentlichkeit und damit auch für die Rekrutierung von Versuchspersonen ausschlaggebend ist. Somit finden sich mehrere Synonyme für die hier beschriebene Praxis: klinische Studien, klinische Prüfungen, klinische Tests, medizinisches Experiment, medizinische Studie, wissenschaftliche Studie, medizinisches Human- bzw. Menschenexperiment und so fort. Die Studien ergeben, dass neutral bzw. wissenschaftlich klingende Begriffe („klinische Prüfung") deutlich positiver belegt sind, als beispielsweise „medizinisches Humanexperiment" (vgl. Corrigan 2003). Es ist kaum verwunderlich, dass in der deutschen Literatur und offiziellen Publikationen vornehmlich von klinischen Prüfungen oder Studien gesprochen wird.[26]

---

26 Eine schnelle Suche nach Google-Treffern ergibt folgendes Bild: „klinische Studie" 117000, „klinische Prüfung" 31500, „Forschung am Menschen" 19500, „Humanstudie" 2780, „medizinisches Experiment" 1180. Englische Begriffe zeigen ein ähnliches Verhältnis: „clinical trial" 14,2 Millionen, „clinical research" 13,8 Millionen, „medical experiment" 61000, „human subject research" 44000. Weiters lässt sich vermuten, dass Studie eher dem wissenschaftlichen Diskurs entspringt, und Prüfung eher mit den für eine Zulassung erforderlichen Überprüfungsprozeduren der Sicherheit und Wirksamkeit des Präparats assoziiert wird.

In der *Clinical Trials Directive* 2001/20/EG der Europäischen Gemeinschaft wird „klinische Prüfung" folgendermaßen definiert:

> [...] jede am Menschen durchgeführte Untersuchung, um klinische, pharmakologische und/oder sonstige pharmakodynamische Wirkungen von Prüfpräparaten zu erforschen oder nachzuweisen und/oder jede Nebenwirkung von Prüfpräparaten festzustellen und/oder die Resorption, die Verteilung, den Stoffwechsel und die Ausscheidung von Prüfpräparaten zu untersuchen, mit dem Ziel, sich von deren Unbedenklichkeit und/oder Wirksamkeit zu überzeugen. (Richtlinie 2001/20/EG, Art. 2.a.)

Ziel dieser Studien ist es, Daten über die Sicherheit und Wirksamkeit eines Wirkstoffes hinsichtlich einer speziellen Indikation, d.h. einer spezifischen Anwendung, zu sammeln. Die zu prüfende chemische Substanz wird gewöhnlich Prüfsubstanz oder Prüfpräparat genannt. Gewöhnlicherweise wird das Prüfpräparat gegen ein vorhandenes Mittel, das bei gewünschter Indikation als Standardbehandlung eingesetzt wird, oder gegen ein Placebo getestet.[27]

Für den Medikamentenhersteller ist die Durchführung von klinischen Prüfungen und das damit verbundene Sammeln von relevanten Daten über den Wirkstoff in seiner spezifischen Anwendung die Voraussetzung dafür, dass das Medikament schließlich von der zuständigen Behörde zum Vertrieb zugelassen wird bzw. werden kann.

Bevor eine klinische Studie beginnen kann, bedarf es zunächst zahlreicher Schritte: ein Studienprotokoll bzw. Prüfplan muss angefertigt werden; die zuständigen nationalen Behörden sowie die entsprechenden Ethikkommissionen müssen kontaktiert und informiert werden, und in Folge muss die Zulassungsgenehmigung beider Gremien eingeholt werden; der Sponsor, meist ein Pharmaunternehmen, muss den Kontakt zu den Prüfärzten und klinischen Forschungszentren herstellen; und letztlich müssen geeignete Versuchspersonen gefunden und rekrutiert werden – was oft die größte Hürde für den Studienbeginn bedeutet.

Die genaue Handhabung der Schritte weicht von Kontext zu Kontext leicht ab. Bei Roche ist es beispielsweise so, dass im Zuge der Vorbereitung auf den klinischen Teil vier Unterabteilungen der Entwicklungs-

---

27 Um Verwirrungen zu vermeiden: Der juristische Terminus „Prüfpräparat" subsumiert mitunter auch Placebos oder herkömmliche Medikamente, die vom Sponsor für die klinische Prüfung speziell etikettiert und den Prüfzentren zur Verfügung gestellt werden müssen.

abteilung mit der Planung beschäftigt sind. Die Abteilung *Clinical Science* entwirft und erarbeitet das Studienprotokoll, während *Clinical Operations* sich um die Logistik und die Durchführung der Studien kümmert. *Biometrics* ist für die Planung und das Management der Aggregation und Auswertung des klinischen Datenmaterials zuständig, und *Drug Regulatory Affairs* stellt den Kontakt zu den Behörden her und übermittelt ihnen die angeforderten Unterlagen (vgl. Roche 2007a).

Bei einem *Prüfplan* handelt es sich um ein Dokument, in dem die spezifischen Ziele der Studie, das Studiendesign, methodologische Ansätze und die Durchführungsstrategie beschrieben werden. In der EG-Richtlinie bezeichnet „Prüfplan":

> Unterlagen, in denen Zielsetzung(en), Planung, Methodik, statistische Überlegungen und Organisation einer Prüfung beschrieben sind. Der Begriff „Prüfplan" bezieht sich auf den Prüfplan an sich sowie auf seine nachfolgenden Fassungen und Änderungen. (Richtlinie 2001/20/EG, Art. 2.h.)

Genauer gesagt beschreibt und erklärt ein solches Protokoll, welche Patienten – d.h. mit welcher Anamnese, welchem gesundheitlichen Zustand, Geschlecht, Alter oder etwa genetischen Merkmalen – in die Studie aufgenommen werden können, wie groß das Sample sein muss/soll, wie hoch die Dosierung des Prüfpräparats sein soll, wie der genaue Zeitplan des Studienverlaufes festgelegt ist und wie lange die Studie laufen soll (Gaus/Chase 2007).

Da die meisten klinischen Prüfungen heute nicht mehr in bloß einer Institution durchgeführt werden, sondern multizentrisch organisierte Studien sind, dient das Protokoll auch als methodologische Anleitung für das wissenschaftliche und medizinische Personal, dass letztendlich die Studien in den Kliniken oder Auftragsforschungsinstituten durchführt. Ein strenges Einhalten der vom Protokoll vorgegebenen Instruktionen ist Voraussetzung dafür, dass die in den einzelnen Zentren angesammelten Daten schließlich gepoolt und somit statistisch verarbeitet werden können – in diesem Sinne ist diese *protocol compliance* nicht nur ein wissenschaftliches Kriterium, sondern auch eine wichtige Anforderung von Seiten der Zulassungsbehörden. Der Auftrag gebende Konzern bzw. der Sponsor der Studie muss, bevor die klinischen Studien in einem Land beginnen können, das Studienprotokoll bei den zuständigen Behörden vorlegen (in Österreich: AGES). Zusätzlich muss es einer Ethikkommission vorgelegt werden. Hier sei angemerkt, dass trotz zahlreicher Bestrebungen nach Harmonisierung klinischer Prüfungen auf internationaler oder supranationaler Ebene der Vorgang der Studienzulassung in Europa in den Händen nationaler Behörden bleibt. Bei multizentrischen Studien gilt in Bezug auf die Ethikkommissionen das Prinzip der „einzigen Stellungnahme": Unabhängig davon, wie viele Zentren pro Land an der Studie mitwirken, sieht das Gesetz lediglich die Prüfung einer Ethikkommission vor – allerdings wird bei multinationalen Studien von jedem Teilnehmerland eine Begutachtung gefordert (vgl. Richtlinie 2001/20/EG, Art. 7). Diese können nun innerhalb einer gesetzlich fixierten Frist (in Österreich sind es 35 Tage) Einwände vorbringen und verlangen, dass gewisse Punkte im Prüfplan geändert oder ergänzt werden müssen. Durch die in den letzten zwei Jahrzehnten vorangetriebene internationale Harmonisierung von Arzneimittelzulassungsverfahren – anfangs durch die Internationale Harmonisierungskonferenz[28] und ab 2001 durch die entsprechende EU-Gesetzgebung zu klinischen Studien[29] – haben sich die Standards der Prüfprotokolle bei den Behörden deutlich erhöht und die Protokolle sind wesentlich umfangreicher geworden. Handelte es sich vor einigen Jahren noch um ein Formular mit wenigen Seiten, so umfassen heutige Studienprotokolle oft an die hundert Seiten (Gaus/Chase 2007). Diese Entwicklung hatte zudem zur Folge, dass sich der Studienbeginn verzögert und damit die Gesamtzeit der Medikamentenentwicklung erhöht hat. Manche Analysen behaupten, dass mit der Verzögerung der Zulassung ein Hersteller pro Tag mit durchschnittlich einer Million US$ Verlust rechnen kann (Abraham 2002); andere Quellen sprechen sogar von 600.000 bis 8 Millionen US$ (Caulfield 2005). Das Paradoxe an dieser Entwicklung ist, dass die ICH ursprünglich darauf abzielte, Verfahren zu rationalisieren und damit schneller zu machen – das Gegenteil, so scheint es, war der Fall.

Weiters müssen vor Studienbeginn vom Sponsor „klinische Prüfzentren" ausgewählt werden, in denen die Studien durchgeführt werden. Wie be-

---

28 Die *International Conference on Harmonisation of Technical Requirements for Registration of Pharmaceuticals for Human Use* (ICH) wurde 1990 auf Initiative der pharmazeutischen Industrie gegründet. Mitglieder sind vorwiegend zuständige nationale Behörden und Industriellenvertreter der Pharmabranche aus den USA, Europa und Japan (vgl. Abraham 2007).
29 Die zwei relevantesten Gesetztestexte in diesem Bereich stellen die Richtlinie 2001/20/EC (CTD) sowie 2005/28/EC zur Guten Klinischen Praxis (GCP-Directive) dar.

reits erwähnt, bilden monozentrische Studien heutzutage eher die Ausnahme und finden sich höchstens fallweise bei Phase-1-Studien. Meist sind Studien jedoch in mehreren Ländern, und oft sogar transkontinental angelegt. In jedem beteiligten Land werden häufig mehrere klinische Zentren ausgewählt. So lässt beispielsweise ein Sponsor (meist ein großer pharmazeutischer Konzern) ein neues Medikament, dass sich in Phase 3 befindet, in sieben Ländern – drei davon außereuropäisch – testen, wobei eines davon Österreich ist. Insgesamt sind 25 Prüfzentren beteiligt, wobei drei auf Österreich entfallen. Interessant ist hierbei anzumerken, dass in Zeiten des forcierten internationalen Wettbewerbs nun auch innerhalb eines Konzerns Länder bzw. verschiedene Standorte miteinander in Konkurrenz treten, da ein Konzern die Wahl der Studienstandorte ökonomisch-rational trifft. Diese Entwicklung wurde wahrscheinlich ab 1995 durch die Einführung der „gegenseitigen Anerkennung" innerhalb der EU beim Zulassungsprozess begünstigt:

> The EU's mutual recognition procedure has created a situation in which regulatory agencies of member states are encouraged to compete with each other for business by selling themselves as the fastest at approval of new drugs (Abraham 2002: 1499).

Kriterien für die Auswahl sind hierbei die gesetzlichen Bestimmungen (Länder, in denen die behördlichen Auflagen vergleichsweise niedrig sind, werden bevorzugt), sowie die klinische Landschaft (gute Infrastruktur) und die vorherrschende Patientenpopulation (für manche Studien findet man in gewissen Ländern kaum Patienten mit der entsprechenden Indikation). Kleine Länder haben es demnach oft schwerer, genügend geeignete Patienten für eine Studie zu rekrutieren.

Bei der Wahl der Prüfzentren finden sich unter anderem folgende relevante Kriterien: die Erfahrungen, die ein Unternehmen mit einer Klinik oder einem ärztlichen Leiter gemacht hat, die Infrastruktur und technische Voraussetzungen an der Klinik, personelle Voraussetzungen (*Primary* und *Secondary Investigator*, Assistenzpersonal), sowie die Möglichkeit der Abteilung, Patienten für die Studie zu finden (Scharpf 2004). Gerade der letzte Punkt ist bemerkenswert: In Zeiten, in denen die Anzahl der benötigten Versuchspersonen pro Zulassungsstudie steigt, immer mehr klinische Studien weltweit durchgeführt werden und – so spekulieren einige Quellen in der Industrie – die Bereitwilligkeit zur Partizipation auf Seiten der Patienten nachlässt, herrscht teilweise ein harter Konkurrenzkampf zwischen den einzelnen Prüfzentren. Timothy Caulfield bemerkt dazu:

> These pressures have led to the development of a variety of strategies to make the recruitment of patients more efficient and effective, such as the creation of research networks, the implementation of software to determine patient eligibility and the use of email and the internet to find new patients. Indeed, patient recruitment has become an industry (Caulfield 2005: 58).

Competitive enrollment, also die Rekrutierung von Versuchspersonen auf Basis des Wettbewerbs zwischen Prüfzentren, stellt oftmals eine Vertragsbedingung zwischen dem Sponsor und den einzelnen Zentren dar. Falls ein Prüfarzt bzw. das von ihm geleitete Zentrum nicht in der Lage sein sollte, die vertraglich vereinbarte Quote annähernd zu erfüllen, kann (und meistens wird) der Sponsor das Zentrum aus dem Prüfplan streichen – was für das eingebundene Team und das Zentrum einen Verlust an Zeit, Geld und Reputation bedeutet. Diese Wettbewerbsstimmung, die von industriellen Sponsoren oft geschürt wird, fördert mitunter eine Rhetorik zutage, die im Lichte der guten klinischen Praxis und der ethischen Grundsätze des „settings", in dem Information gegeben und Einverständnis erklärt werden soll, fragwürdig erscheint. In manchen Quellen wird die Motivation zur Partizipation als „leicht verderbliches Gut" (*perishable*) gesehen, das zum Hauptziel der Rekrutierungs*kampagne* gemacht werden sollte.

> Viewing patient motivation as perishable and recruitment as a campaign is hardly consistent with the reflective, ongoing, no pressure, atmosphere that is meant to accompany the consent process. (ebd.: 59)

An anderer Stelle dieser Arbeit wurde schon auf die Arbeiten von Steven Epstein (2008) und Adriana Petryna (2009) hingewiesen, die sich mit dem Problem der Rekrutierung von Versuchspersonen auseinander setzen. Weiters ist auf die Arbeiten von Kaushik Sunder Rajan (2007) und Jill Fisher (2007) hinzuweisen. Diese exzellenten Arbeiten haben gemeinsam, dass sie die wachsende Nachfrage nach menschlichen Versuchspersonen in den Kontext einer Spannung zwischen ethisch-behördlichen Erfordernissen und einem verschärften Wettbewerb innerhalb einer sich globalisierenden Industrie verorten.

Die einzelnen Phasen klinischer Studien

Sind alle im Vorfeld benötigten Schritte getan, kann nun die eigentliche klinische Entwicklung durch klinische Studien beginnen. Diese entpuppen sich als bei der Durchführung äußerst heikel und kompliziert, überaus kostspielig und zeitintensiv. Üblicherweise wird die klinische Entwicklung in drei Hauptphasen, die unterschiedliche Zwecke erfüllen und daher auch jeweils aufs Neue von den Zulassungsbehörden begutachtet werden müssen, unterteilt. Von zirka 20 Präparaten, welche zur ersten Phase klinischer Studien zugelassen wurden, schafft es durchschnittlich nur eines auf den Markt (vgl. PhRMA 2001, Roche 2007a).

- *Phase 1 oder humanpharmakologische Studien*

    A clinical study designed to identify the side effects of new medicinal products and the highest dose that can be given safely" (EMEA 2006: 7)

Diese Studien werden üblicherweise an einer kleinen Gruppe gesunder Probanden durchgeführt (in der Regel zwischen 20 und 80 Personen). Um eine besonders gute Überwachung der Studie zu ermöglichen, werden Phase-1-Studien bevorzugt stationär durchgeführt. Üblicherweise erhalten die Versuchspersonen eine Aufwandsentschädigung, die sich je nach Maß und Beanspruchung berechnet. Da es sich, wie bereits erwähnt, um vorwiegend gesunde Probanden handelt, zählen Phase-1-Studien nicht als Behandlungsstudien – die Teilnahme gesunder Personen wird somit oft als ein Dienst an Wissenschaft und Gesellschaft dargestellt.[30] In gewissen Fällen, meistens bei Studien schwerer chronischer Krankheiten, wird jedoch oft auf Patienten zurückgegriffen, da diese oftmals sonst keine angemessene Behandlung erhalten.

Ziel von Phase-1-Studien ist es zunächst, die optimale Dosierung eines Medikaments zu erheben. Normalerweise wird mit einer minimalen Dosis begonnen, die lediglich einen Bruchteil der bei Tierversuchen als sicher festgestellten Dosis darstellt, um die Sicherheit des Prüfpräparats (Stichwort: Pharmakovigilanz), die Toxizität sowie pharmakokinetische wie pharmakodynamische Prozesse zu analysieren. Grob gesagt handelt es sich bei Pharmakokinetik um die Frage, was der Körper mit dem Wirkstoff tut, d.h. wie wird dieser aufgenommen, verteilt, metabolisiert und schließlich ausgeschieden, wobei andererseits die leitende Frage pharmakodynamischer Analysen jene ist, was das Präparat mit dem Körper tut.

---

30 Daraus ergibt sich oftmals die Not, Probanden zu finden, die sich zu einer Teilnahme bereit erklären. Paradoxerweise wird die Teilnahme manchmal z.B. als „Studentenjob" beworben – mit flexiblen Arbeitszeiten und guter Bezahlung.

- *Phase 2 oder therapeutisch-exploratorische Studien*

 Phase II is usually considered to start with the initiation of studies in which the primary objective is to explore therapeutic efficacy in patients (EMEA 2006: 9).

 Halten die erhobenen Daten der ersten Testphase stand, werden die Tests nun in Phase 2 fortgeführt. Beanspruchte die erste Phase klinischer Prüfungen einen Zeitraum von meistens mehreren Wochen, so ist die zweite Phase mit einer Dauer von mehreren Monaten wesentlich zeitintensiver. Das resultiert zunächst aus der signifikanten Steigerung der Anzahl der eingebundenen Versuchspersonen, deren Zahl nun durchschnittlich zwischen 50 und 300 liegt.[31] Nun wird das Prüfpräparat vornehmlich an Patienten getestet. Zwar zielt die zweite klinische Studienphase darauf ab, die Erhebungen aus der ersten Phase bezüglich Sicherheit und Toxizität weiterzuführen, doch findet sich als Hauptprüfkriterium die Überprüfung des Therapiekonzepts bzw. der Wirkungsnachweis, das heißt, ob das Präparat für die untersuchte Indikation die erwünschte bzw. erhoffte Wirkung zeigt. Oft scheitert die Medikamentenentwicklung an genau diesem Punkt: Zwar hat sich durch *in vitro* und Tierversuche bis hin in die erste klinische Phase das Medikament als sicher erwiesen, doch scheitert es nun daran, dass es dem erwünschten Therapieerfolg nicht beikommen kann. Dazu sei gesagt, dass es heute, in einer Zeit in der es für viele Indikationen schon erfolgreiche sowie gut etablierte Behandlungen gibt, umso schwerer ist, mit einem neuen Behandlungskonzept zu überzeugen. Ein neuer Wirkstoff wird als Medikament oft nur dann zugelassen, falls – eben durch großflächige klinische Studien – statistisch bewiesen werden kann (Phase 3), dass das Präparat *besser*, d.h. entweder wirkungsvoller oder schonender in Hinblick auf Nebenwirkungen als die existierenden Medikamente oder Behandlungsregimes ist.[32]

---

31 Unterschiedliche Quellen nennen hierbei verschiedene Zahlen. Da aber die genaue Zahl von Studie zu Studie unterschiedlich ist, da es an Indikation, Patientenpopulationsgrößen, Studienumfang, etc. liegt und sich auch von Jahr zu Jahr ändern kann, sollten die genannten Zahlen als Richtwerte verstanden werden.

32 Diese Praxis wurde erst mit der Reform der EMEA 2005 etabliert und findet sich nicht in Bestimmungen der FDA. Damit soll die bestmögliche Therapie für Patienten sichergestellt werden (vgl. Capell/Carey 2005).

- *Phase 3 oder therapeutisch-konfirmatorische Studien*

Phase III usually is considered to begin with the initiation of studies in which the primary objective is to demonstrate, or confirm therapeutic benefit (EMEA 2006: 9).

Die dritte Phase der klinischen Entwicklung gilt als der umfangreichste, langwierigste, und immer noch äußerst heikle Teilbereich im Weg eines Medikamentes durch die Pipeline. In dieser Phase soll mittels randomisierter Studiendesigns der statistische Beweis erbracht werden, dass das Medikament im Vergleich zu bisherig anerkannten Therapiestandards, soweit vorhanden, wirkungsvoll ist. Dazu werden mehrere tausend Patienten über Jahre hinweg in groß angelegten multizentrischen Studien getestet. Heutzutage gibt es fast keine Studien in der dritten Phase, die bloß innerhalb eines Landes durchgeführt werden können. Durch strengere Zulassungskriterien hat sich in den letzten Jahren die Zahl der Versuchspersonen, die in klinischen Studien eingebunden werden müssen, drastisch erhöht: Lag um 1980 der Durchschnitt der erforderlichen Studien pro Zulassungsantrag ungefähr bei 30 klinischen Studien mit insgesamt 1500 Versuchspersonen, so haben sich diese Zahlen bis 1995 auf durchschnittlich 68 Studien mit 4200 Versuchspersonen erhöht (PhRMA 2001), was für die Durchführung und vor allem die Patientenrekrutierung einen administrativen wie logistischen Mehraufwand darstellt. Demnach werden diese multizentrischen Studien oft transnational, wenn nicht gar transkontinental organisiert. In der Praxis sind demnach oft mehrere Länder beteiligt, in denen pro Land mehrere Prüfinstitute – meist Universitätskliniken bzw. zunehmend Auftragsforschungsinstitute – zusammen bis zu fünftausend Patienten betreuen.

Nach jahrelangem Sammeln und Auswerten des klinischen Datenmaterials ist jedoch noch immer nicht sichergestellt, dass das Medikament vor den zuständigen Behörden standhält, da nur eines von fünf Medikamenten, dass in die dritte Phase kommen, schließlich positiv approbiert wird (vgl. Roche 2007a). Die gesammelten Daten werden akribisch in einem Dokument zusammengefasst, das der Prüfbehörde vorgelegt werden muss. Nach einer gewissen gesetzlich festgelegten Zeit muss die Behörde entscheiden, ob sie das Medikament zum Verkauf freigibt. Doch oft kommt es auch vor, dass im Großen und Ganzen die Daten für das Medikament sprechen, aber bei Detailfragen noch Unklarheit herrscht oder zu wenige definitive Ergebnisse vorliegen. In einem solchen Fall kann die Behörde dem Entwickler auftragen, etwaige Ergebnisse nachzubringen –

was üblicherweise die Neuaufnahme und -organisation von Studien bedeutet.
Diese wissenschaftlichen Kriterien und die Diskurse, die über sie gehalten werden, sind oftmals sehr umstritten und werden stets neu verhandelt. Ebenso sind die Grenzen zwischen dem, was in einer solchen Studie den wissenschaftlichen Standard und dem, was eine unwissenschaftliche Methodik darstellt, durchaus beweglich – und fallen somit in den sozialen Bereich der Macht und des Diskurses (vgl. Epstein 1995, Daemmrich 2004, Kleinman/Petryna 2006).
Jedoch sei angemerkt, dass oftmals Studien der Phase 3 nicht in dem Augenblick abgebrochen werden, in dem genügend Daten gesammelt worden sind, um die Lizenzierung bei der Behörde zu beantragen. Es kommt durchaus öfters vor, dass sich Phase-3-Studien über die Zulassung hinweg fortsetzen, weil beispielsweise bei schweren tödlichen oder chronischen Krankheiten, wie Krebs oder HIV, die eingebundenen Patienten nun auf das Medikament eingestellt sind, und die Behandlung aus therapeutischen Gründen nicht abgebrochen werden kann. Es kann nämlich monatelang dauern, bis ein Medikament, das in einem Land zum Vertrieb zugelassen wurde, auch erhältlich ist, da nach der Zulassung Verhandlungen zwischen dem Pharmakonzern und der für die Kostenerstattung zuständigen Behörde – im Fall von Österreich dem Hauptverband der Sozialversicherungsträger – beginnt. Diese Weiterführung der Studien erhärtet den Verdacht, dass innerhalb der Klinik die Grenze zwischen Labor und Gesellschaft, zwischen wissenschaftlichem Experiment und therapeutischer Praxis zu verschwimmen scheint.

- *Phase 4 oder Studien zur Anwendungsbeobachtung*

> Phase IV begins after drug approval. Therapeutic use studies go beyond the prior demonstration of the drug is safety, efficacy and dose definition (EMEA 2006: 9).

Da es sich hierbei um so genannte „Anwendungsbeobachtungen" handelt, nachdem ein Medikament bereits von den zuständigen Behörden zum Vertrieb zugelassen worden ist, zählen diese Studien im strikten juristischen Sinn nicht mehr zu den klassischen klinischen Prüfungen mitsamt all ihren Anforderungen (vgl. Richtlinie 2001/20/EG, Art. 1.1. sowie Art. 2.c.). Jedoch sind diese therapeutischen Studien besonders für die Verbesserung der Behandlung äußerst relevant, da viele Feinabstimmungen bezüglich der Dosierung und des Einnahmeregimes, oder auch die

Erfassung von seltenen Nebenwirkungen erst in der langjährigen klinischen Routine möglich sind.

Diese Darstellung der klinischen Entwicklung und ihrer verschiedenen Phasen bleibt idealtypisch und schematisch und dient ausschließlich dazu, ein gewisses Verständnis für die klinisch-industrielle Praxis zu vermitteln, auf dem eine theoretische Analyse aufbauen kann, ohne einer empirischen Basis zu entbehren. Wichtig ist außerdem darauf hinzuweisen, dass gegenwärtige Entwicklungen das Praxisfeld klinischer Forschung zu transformieren scheinen. Einerseits wäre da die Entwicklung in Richtung einer personalisierten Medizin unter dem Stichwort Pharmakogenetik zu nennen. Zudem scheinen auch Entwicklungen innerhalb der regenerativen Medizin wie etwa Gentherapie oder Stammzelltherapie auf Veränderungen in der Rationalität klinischer Forschung hinzudeuten. Die Linearität des Modells der „pharmazeutischen Pipeline" scheint in der Zukunft klinischer Forschung als nicht mehr adäquat, und ein Trend zeichnet sich ab, der Arzneimittelforschung verstärkt in Netzwerken translationaler medizinischer Forschung verortet (Schuster/Powers 2005).

Dieses Kapitel der Arbeit hatte zum Ziel, die ethischen, politisch-ökonomischen und wissenschaftlich-industriellen Diskurse und Praktiken, die wesentliche Bestandteile des Feldes klinischer Forschung darstellen, zu umreißen. Selbstverständlich handelte es sich bloß um einen schematischen Überblick, der an vielen Stellen den Fährten, auf die er selbst aufmerksam machte, nicht folgen konnte. Vielmehr ging es darum, ein Feld von Fluchtlinien bzw. eine Karte mit großem Maßstab zu zeichnen, um eine biopolitische Perspektive auf die Klinik als ein komplexes Feld mannigfaltiger diskursiver und materieller Beziehungen zu ermöglichen. Im Weiteren soll sich nun die Untersuchung auf konkrete politische Ereignisse und Prozesse konzentrieren. Zum einen handelt es sich um den Versuch supranationaler Harmonisierung, zum anderen um die Rolle von Patienten und Patientenorganisationen in der Reform klinischer Studien.

3

Europäische Harmonisierung zwischen Anspruch und Wirklichkeit

Noch vor weniger als einem Jahrzehnt lag die Kompetenz für Zulassungsprozeduren neuer Arzneimittel sowie für die Erfordernisse der Planung und Durchführung klinischer Studien in Europa vorwiegend in den Händen nationaler Behörden. Die 2001 erlassene Clinical Trials Directive (CTD) lässt sich als eine Antwort auf globale Veränderungen und die damit entstandenen sozio-ökonomischen und politischen Herausforderungen lesen. Einerseits erfordert die zunehmende europäische Integration, welche sich in den letzten Jahren verstärkt auch auf nicht rein wirtschaftliche Bereiche erstreckt, einen Vorstoß auf dem Feld der medizinisch-wissenschaftlichen Forschung und im Besonderen in Bezug auf den Schutz der Probanden bzw. Patienten. Auf der anderen Seite sollte das neue Regelwerk Europas Wettbewerbs- und Konkurrenzfähigkeit stärken und durch die Harmonisierung der verschiedenen nationalen Reglements einen klinischen Forschungsraum schaffen, der für pharmazeutische und biomedizinische Unternehmen attraktiv ist bzw. bleibt. In diesem Spannungsverhältnis sollen nun die legislativen Versuche der EU gelesen und interpretiert werden. Wichtig für diese Arbeit ist, dass es nicht darum geht, eine konkrete Politikfeldanalyse der Harmonisierungsbestrebungen durchzuführen, sondern vielmehr anhand dieses konkreten Falles weiter in die Problematik klinischer Forschung und das ihr eigene Feld mannigfaltiger Akteure und Diskurse eindringen zu können.

3.1 Regulierung klinischer Forschung in Europa – ein historischer Überblick und aktuelle Ereignisse

Die Geschichte der europäischen Regulierung der pharmazeutischen Industrie im Sinne des Verbraucherschutzes datiert nicht weit zurück. Erst ab den 1960er Jahren kam es in Europa auf der nationalen wie supranationalen Ebene zur Forcierung der Arzneimittelgesetzgebung. Tragischerweise steht diese Entwicklung – wenn auch nicht ausschließlich – in engem Zusammenhang mit dem Contergan-Skandal (vgl. Maio 2001, Daemmrich 2002). Im Zuge der darauf folgenden Gerichtsprozesse wurden die Themen der Arzneimittelsicherheit und das Ausmaß potentieller Nebenwirkungen zunehmend öffentlich diskutiert (bis 1993 erschienen über 10 000 Zeitungsartikel über Thaliomid und den Contergan-Skandal) (vgl. Maio 2001). Zentral in den Diskussionen stand die Frage, ob strengere Auflagen derartigen Tragödien vorbeugen können – immerhin hatte aufgrund strenger Prüfungen der US Food and Drug Administration der Wirkstoff nicht den amerikanischen Markt erreicht. Es mag viele Ursachen haben, jedoch steht fest, dass ab Mitte der 1960er Jahre eine Vielzahl politischer Initiativen entstanden ist, um die pharmazeutische Industrie zu regulieren und die öffentliche Gesundheit durch eine strengere Gesetzgebung zu schützen. 1964 markiert das Geburtsjahr der ersten großen Deklaration des Weltärztebundes zu *Ethischen Grundsätzen für die medizinische Forschung am Menschen* (die so genannte Deklaration von Helsinki), die seither mehrfach revidiert wurde und das Kernstück der medizinischen Ethik und der guten klinischen Praxis darstellt. Nur ein Jahr darauf verabschiedete die Europäische Gemeinschaft ihre erste pharmazeutische Richtlinie (64/65/EWG) mit dem Anspruch, den Schutz der öffentlichen Gesundheit in höchstem Maße zu garantieren und zu erhalten. Demnach sollte fortan kein Arzneimittel ohne vorangehende behördliche und medizinische Prüfung auf den Markt kommen. Zehn Jahre später erließ die Gemeinschaft eine weitere Richtlinie (75/318/EWG), die einen Schritt weiter ging, und die Angleichung der Gesetzgebung der Mitgliedstaaten bezüglich der pharmazeutischen, toxikologischen und klinischen Standards bei der Entwicklung und Testung neuer Präparate forderte. Für Patienten und die europäische Öffentlichkeit sollte sich daraus der Vorteil ergeben, dass durch das „Verfahren der gegenseitigen Anerkennung" von behördlichen Prüfungen neue innovative Arzneimittel schneller den gesamten europäischen Markt erreichen. In den 1990ern fand durch eine weitere Richtlinie, die vor allem die Zulassungsverfahren biotechnologisch erzeugter Produkte zu einen versuchte, schließlich das „zentralisierte Verfahren" seinen Platz im Gesetz, welches für biotechnologisch erzeugte Präparate zum obligatorischen Standardverfahren wurde, für andere innovative Erzeugnisse optional blieb.[33] Heute wird die Mehrheit der Zulassungsanträge mittels des zentralisierten Verfahrens durchgeführt.

Die Clinical Trials Directive 2001: Ziele und Auswirkungen

Politische Transformationen und die zunehmende Integration der Märkte seit dem Ende des Kalten Krieges schienen auch den pharmazeutischen Sektor zur Harmonisierung zu zwingen. Tragend in diesem globalen Prozess steht die International Conference on Harmonization (ICH), die von Pharma-Dachverbänden aus den USA (PhRMA), der EU (EFPIA) und Japan (JPMA) 1990 gegründet wurde und mit Behörden aus 17 Ländern zusammenarbeitet. Die Agenda der ICH war von Beginn an stark durch Interessen der pharmazeutischen Industrie gefärbt. John Abraham fasst die Auswirkungen der ICH wie folgt zusammen:

> In effect, the ICH process has permitted scientists from industry to renegotiate extensively the scientific standards that the regulatory agencies are supposed to be using to protect public health. The ICH has managed to harmonise the scientific standards informing drug regulators' decision-making in the EU, Japan, the USA, and beyond. The regulatory agencies of Central and Eastern Europe now automatically adopt ICH's scientific standards, and Canada has already adopted some. (Abraham 2002: 1500)

Aber auch die inner-europäische Harmonisierung – quasi als konsequente Antwort auf einerseits die Bestrebungen der ICH, andererseits aufgrund der Erfordernisse, die aus der zunehmenden sozio-ökonomischen Integration innerhalb der EU resultieren – stand seither verstärkt auf der Agenda. Diese Anstrengungen manifestierten sich zu Beginn des 21. Jahrhunderts in zwei Richtlinien, der Richtlinie 2001/83/EG zur „Schaffung eines Ge-

---

33 Auf der EMEA Webpage findet sich folgende Erläuterung: „All medicinal products for human and animal use derived from biotechnology and other hightechnology processes must be approved via the centralised procedure. The same applies to all human medicines intended for the treatment of HIV/AIDS, cancer, diabetes, neurodegenerative diseases, autoimmune and other immune dysfunctions, and viral diseases, as well as to all designated orphan medicines intended for the treatment of rare diseases." (EMEA Webpage 2008)

meinschaftskodex für Humanarzneimittel" und der Richtlinie 2001/20/EG, der so genannten „Clinical Trials Directive" (CTD). Vor allem Letzterer gilt hier besonderes Interesse. Es scheint, als ob viele politischen Spannungen, die im weiteren Verlauf der Arbeit nachgezeichnet und zum Teil analysiert werden, sich aus dem doppelten Anspruch ergeben, welcher der CTD zugrunde liegt:
Einerseits zielt die CTD auf die Harmonisierung der bislang divergenten nationalen Standards der behördlichen Prüfung neuer Wirkstoffe oder Medikamente zwecks Vertriebsbewilligung sowie der Auflagen zur Anmeldung und Durchführung klinischer Studien selbst. So heißt es in Absatz 10:

> Bei klinischen Prüfungen handelt es sich um komplexe Tätigkeiten, die in der Regel länger als ein Jahr dauern und sich sogar über mehrere Jahre erstrecken können; meist sind zahlreiche Personen und verschiedene Prüfstellen beteiligt, die sich häufig in verschiedenen Mitgliedstaaten befinden. Die derzeitigen Praktiken in den Mitgliedstaaten weisen erhebliche Unterschiede im Hinblick auf die Modalitäten für den Beginn und die Durchführung und vor allem im Hinblick auf die Anforderungen an die klinischen Prüfungen auf. Deshalb treten Verzögerungen und Komplikationen auf, die eine wirkungsvolle Durchführung in der Gemeinschaft behindern. Die Verwaltungsvorschriften über diese Prüfungen sollten daher vereinfacht und harmonisiert werden, indem ein eindeutiges, transparentes Verfahren eingeführt und günstige Voraussetzungen für eine effiziente Koordinierung der klinischen Prüfungen durch die betreffenden Stellen in der Gemeinschaft geschaffen werden. (Richtlinie 2001/20/EG, Abs. 10)

Es ist augenscheinlich, dass eine solche Harmonisierung zunächst Vorteile für die Industrie und große pharmazeutische Unternehmen brächte, da dadurch große multizentrische Studien ohne großen bürokratischen Extraaufwand organisiert und administriert werden könnten, und die Zulassungsverfahren schneller und transparenter würden.[34]
Auf der anderen Seite stellt die Richtlinie ebenso den Schutz der Versuchspersonen ins Zentrum der politischen Agenda. Ganz im Sinne der Deklaration von Helsinki, auf die in Abs. 2 der CTD auch dezidiert verwie-

---

34   Es ist interessant zu bemerken, dass die Begriffe „Markt", „Wettbewerb", „Industrie" in der Richtlinie kein einziges Mal vorkommen, während „Ethik" oder „ethisch" auf zehn von elf Seiten – und meist mehrfach – vorkommt. „Sicherheit" findet sich auf vier Seiten, „Patient" mehrfach auf sieben Seiten. „Prüfung" kommt über hundertmal vor, während „Studie" sich nur sechsmal finden lässt. Es sei dem Leser freigestellt, diese „rohen Fakten" zu interpretieren...

sen wird, steht der Schutz der Menschenrechte und die Würde des Menschen als eine fundamentale *conditio sine qua non* klinischer Forschung.

Der Schutz der Prüfungsteilnehmer wird durch eine Risikobewertung auf der Grundlage der Ergebnisse toxikologischer Untersuchungen vor Beginn jeder klinischen Prüfung, der Prüfungen der Ethik-Kommissionen und der zuständigen Behörden der Mitgliedstaaten sowie durch die Bestimmungen zum Schutz persönlicher Daten sichergestellt. (ebd., Abs. 2)

Die Beteiligung von Personen an klinischen Prüfungen lässt sich nur dann rechtfertigen, wenn geprüft ist, ob die Anforderungen der guten klinischen Praxis eingehalten werden (ebd., Abs. 15)

Im Folgenden sollen die wichtigsten Inhalte der CTD skizziert werden. Was den Geltungsbereich des Textes betrifft, so sei festgehalten, dass nicht-interventionelle Prüfungen (also so genannte Beobachtungsstudien) nicht von der CTD geregelt werden (Art. 1(1)). Artikel 2 beschäftigt sich mit den Definitionen gewisser *termini technici*, wie klinische Prüfung, Sponsor, Prüfer, etc.

Artikel 3 widmet sich dem Schutz der Prüfungsteilnehmer, das heißt den Versuchspersonen im Allgemeinen, während Artikel 4 besonderes Augenmerk auf minderjährige Versuchspersonen und Artikel 5 auf „nichteinwilligungsfähige Erwachsene" legt.[35] Ausschlaggebend für die Legitimität und Legalität der Einbindung von jedweder Person ist die Möglichkeit einer „Einwilligung nach Aufklärung", des *informed consent*. Artikel 6 befasst sich eingehend mit der Rolle und den Aufgaben von Ethikkommissionen.

Danach wird die Richtlinie etwas technischer. Weitere Artikel widmen sich dem Beginn und der Durchführung von Studien, dem möglichen Aussetzen der Prüfung auf Grund von Verstößen oder unvorhersehbaren Ereig-

---

35 An dieser Stelle muss in Erinnerung gerufen werden, dass medizinische Forschung am Menschen ursprünglich ihr „Material" genau aus den „vulnerablen Gruppen" bezog, deren Schutz und angemessene Vertretung heutzutage zu den kontroversiellsten forschungs- und medizinethischen Debatten führen: Geisteskranke, Verbrecher, Waisenkinder und schutzlose Frauen zählten zu den bevorzugten Ressourcen biomedizinischer Forschung im 19. Und 20. Jahrhundert (Pethes *et al.* 2008, Lederer 1995). Steven Epstein macht zudem darauf aufmerksam, dass gegenwärtige regulatorische Tendenzen der Ethik klinischer Forschung gerade die Inklusion von ethnischen Minderheiten und Kindern in Studien fordern, um der Idee gleicher Repräsentation beizukommen (Epstein 2008).

nissen (wie z.B. schwerwiegenden Nebenwirkungen, etc.), der Herstellung von Prüfpräparaten und ihrer Etikettierung, sowie der Pflicht zum Bericht aller Nebenwirkungen und/oder unerwünschter Ereignisse.
Letztlich wird verkündet, dass (im Laufe der Zeit und ihrer Implementierung) „die Richtlinie [...] an den wissenschaftlichen und technischen Fortschritt angepasst" werde (Art. 20).

3.2 Kritik an der CTD aus Industrie und der klinischen Praxis

Zunächst lässt sich festhalten, dass viele Beobachter der Meinung sind, die CTD habe für Industrie, Ärzte und Patienten mitunter substantielle Verbesserungen gebracht. Als wesentliche Meilensteine sind die Verbesserung der Transparenz und der Übersichtlichkeit von laufenden wie bereits abgeschlossenen klinischen Studien zu nennen. Eine verpflichtende amtliche Registrierung jeder in der EU angemeldeten Studie und die damit verbundene Verpflichtung zur Publikation der Ergebnisse – auch der negativen Resultate[36] – in quasi-öffentlichen Datenbanken (wie z.B. EudraCT) stellen für dieses Ziel eine zuträgliche Entwicklung dar. Der europäischen Öffentlichkeit, und vor allem Ärzten und Patienten, dient die Richtlinie somit, einfacher und schneller an bessere und aktuellere Informationen über klinische Studien und/oder mögliche Therapien zu gelangen, und sich ein Bild von dem gegenwärtigen Forschungsstand machen zu können (vgl. Hartmann/Hartmann-Vareilles 2006). In diesem Sinne war auch die Verbesserung der Kommunikation und des Informationsflusses für Patienten, die sich gerade in Studien befinden oder für etwaige Projekte rekrutiert werden, ein Hauptziel der Richtlinie: Versuchspersonen sollten adäquate Information über Studienzweck und mögliche Risiken erhalten (Liddell *et al.* 2005). Damit verbunden sind die Ziele der Erleichterung der Einwilligungserklärungen für Patienten.
Auch auf dem Gebiet der Qualitätssicherung von Herstellungsbedingungen – gewöhnlich bekannt als *Good Manufacturing Practice* (GMP) – konnte die EU Erfolge verzeichnen. Strenge Vorschriften bei der Herstellung von

---

36 Vielerorts wird bemängelt, dass pharmazeutische Unternehmen lediglich positive Ergebnisse klinischer Studien publizieren, was dem medizinisch-wissenschaftlichen Fortschritt insgesamt schade (O'Donnell 2008b, Kleinman/Petryna 2006).

Prüfpräparaten und die verpflichtende Kontrolle ihrer Einhaltung minimieren somit die Risiken für Versuchspersonen, welche von schädlichen Produkten oder schlechten Produktionsbedingungen herrühren (vgl. Hartmann/Hartmann-Vareilles 2006).

Durch Bestrebungen der Richtlinie, die Datensammlung und das Datenmanagement zu verbessern, kann sie des Weiteren als ein Weg gesehen werden, die Anzahl nicht innovativer bzw. unprofessionell durchgeführter Studien (z.B. in denen sich Kliniker bei der Durchführung nicht an die Studienprotokolle halten), oder schlecht administrierter Studien (z.B. unsaubere Aggregation gesammelter Daten) zu verringern (vgl. ebd.).

Trotz der verzeichneten Erfolge sind die Gesetzgeber auf europäischer Ebene sowie die für die Implementierung zuständigen nationalen Behörden seit Erlass der Richtlinie – und verstärkt seit ihrem Inkrafttreten am 1. Mai 2004 – zum Ziel teilweise heftiger Kritik geworden. Es macht den Anschein, so sind sich einige Kritiker und Kommentatoren einig, als ob die Richtlinie nicht erreicht habe, was ihr wesentlichstes Anliegen war: die Harmonisierung von Standards und Prozeduren bei Planung, Registrierung, Durchführung und Beendigung klinischer Studien in Europa (vgl. O'Donnell 2007c, 2008a; Hartmann/Hartmann-Vareilles 2006; Watson 2003). Es wurde bereits in Kapitel 2 dieser Arbeit vermerkt, dass die Anforderungen für klinische Studien heutzutage derart gestiegen sind, dass Studien (vor allem in Phase 2 und 3) nur in den seltensten Fällen bloß in einem Land durchgeführt werden können. Ziel der CTD war es ursprünglich, das heterogene Ensemble unterschiedlicher Gesetze und Anforderungen derart zu harmonisieren, dass paneuropäische multizentrische Studien effizienter und ohne unnötige bürokratische Hürden durchgeführt werden können.

Die Kritik an der CTD adressiert zweierlei Punkte: Auf der einen Seite wird von mancher Seite der Gesetzestext selbst kritisiert, andere Kommentatoren zielen mit ihren Einwänden vielmehr auf die mangelhafte und halbherzige Umsetzung der Richtlinie in nationales Recht. Erstere bemängeln, dass die rigide Formulierung der Richtlinie zu wenig Spielraum lässt, den die komplexe Situation des klinischen Alltags jedoch erfordert. Besonders hätten die Gesetzgeber in Fragen des Patientenschutzes aufgrund ihrer hohen Ansprüche „über das Ziel geschossen", und durch das Insistieren auf der quasi unumgänglichen Anforderung der Einholung von *informed consent* den Weg für z.B. effektive notfallmedizinische Maßnahmen verbaut (vgl. Liddell, 2005; Singer/Müllner, 2002).

Kritiker der Implementierung auf nationaler Ebene beanstanden zumeist das Fortbestehen von Ausnahmen und Sonderbestimmungen auf nationaler oder regionaler Ebene, die teilweise „über die (sowieso schon strengen) Anforderungen der Richtlinie hinausgehen" (vgl. O'Donnell 2007b, 2008a). Dass die EU bzw. die EMEA über keine Mittel verfügt, die adäquate Übersetzung der Richtlinie in nationales Recht zu überwachen und wenn nötig durchzusetzen, findet sich vor allem bei Vertretern der Pharmaindustrie als Wermutstropfen.

Am 3. Oktober 2007 fand in London eine Konferenz[37] statt, die verschiedenste Akteure aus dem klinisch-wissenschaftlichen und industriellen Bereich unter der Ägide der EMEA zusammenbrachte, um eine Bestandsaufnahme der gegenwärtigen Gesetzgebungen und ihrer Auswirkungen in der Praxis zu erstellen. Laut dem im folgenden November veröffentlichten Konferenzbericht lassen sich der Zweck und das Ziel der Konferenz wie folgt darlegen:

> The European Commission requested the European Medicines Agency (EMEA) to organise a conference, involving all interested parties, on the state of play with the implementation of the legislation related to clinical trials of medicinal products. This topic is of major importance for the protection of patients, for clinical research, for competitiveness of the pharmaceutical industry and for European research. The objectives of the conference were to provide an overview of the experience to date with the operation of Directives 2001/20/EC and 2005/28/EC and their implementing texts, to describe their impact, to specify problems encountered and to offer recommendations for the future. (EMEA 2007: 10)

An diesem „Megaevent" nahmen 267 Delegierte von nationalen Behörden, Ethikkommissionen, von industriellen sowie nicht-kommerziellen Sponsoren, Patientenorganisationen, Auftragsforschungsinstituten und der Europäischen Kommission sowie der EMEA Teil.[38]

In den einzelnen Beiträgen der Teilveranstaltungen wurden die Referenten gebeten, anhand ihrer Erfahrungen ihre Anmerkungen, Kritik und

---

37 European Commission-European Medicines Agency Conference on the Operation of the Clinical Trials Directive (Directive 2001/20/EC) and Perspectives for the Future. Im Folgenden: „Clinical Trials Regulation Conference" (CTRC). Diese Konferenz fand am 3. 10. 2007 in der EMEA in London statt.

38 Ein Blick auf die Teilnehmerliste verrät aber ein überproportionales Verhältnis von Vertretern der Industrie. Patientenorganisationen waren z.B. wesentlich unterrepräsentiert.

Empfehlungen an vier Fragen zu orientieren: Welche Aspekte der gegenwärtigen rechtlichen Rahmenbedingungen funktionieren gut? Was funktioniert schlecht? Welche Mängel können innerhalb der gegebenen Rahmenbedingungen behoben werden? Wie sollte ein neuer Gesetzesentwurf aussehen? (vgl. EMEA 2007: 12)
Der von der EMEA verfasste Report, der die Ergebnisse der CTRC zusammenfassen sollte, gäbe – so EU Wissenschaftsjournalist Peter O'Donnell (2007b) in der Fachzeitschrift *Applied Clinical Trials* – ein weitaus optimistischeres Bild der Sachlage, als es tatsächlich auf der Konferenz vermittelt wurde.

Um der Frage nach dem Status des klinisch-wissenschaftlichen Feldes aus der für die vorliegende Arbeit interessanten Perspektive nachzugehen, sollen nun die Diskussionen und Kritiken an der vorherrschenden gesetzlichen Regulierung klinischer Forschung analysiert werden. Im Mittelpunkt der Betrachtung steht die CTRC, da sie sich aus methodischen wie analytischen Gründen anbietet: zum einen, da sie als organisiertes Event diverse Akteure zur gleichen Zeit zusammenbrachte und sie ermutigte, zu ähnlichen Fragen aus der jeweiligen Perspektive Stellung zu beziehen. Zum anderen, da sich durch den offiziellen Report sowie die (wesentlich kritischeren) Beiträge anwesender Kommentatoren (wie eben Peter O'Donnell, der mehrfach über die CTD als auch die CTRC publiziert hat, vgl. O'Donnell 2007, 2008a) die Debatten gut rekonstruieren und analysieren lassen. Dieser Fokus bedeutet jedoch nicht, dass sich die folgende Darstellung ausschließlich auf die Konferenz bezieht oder dass Kritik erstmalig in ihrem Rahmen öffentlich artikuliert wurde – schon früher wurden Stimmen laut, welche die CTD oder ihre spezifische Umsetzung beanstandeten (vgl. Watson 2003, Hartmann 2005, Liddell *et al.* 2005, Hartmann/Hartmann-Vareilles 2006, Rascher *et al.* 2006, Capala-Szczurko 2006).

Kritik von Seiten der Industrie: Harmonisierung noch ausständig?

Der Hauptkritikpunk vieler Akteure (und vor allem von Seiten der Industrie) ist, dass effektive Harmonisierung – das Hauptziel der CTD – letztlich nicht erreicht wurde. Zunächst kann angemerkt werden, dass sich die Richtlinie vor allem auf Arzneimittel, d.h. Medikamente bezieht. In der klinischen Praxis finden sich jedoch oft kombinierte Therapien, die medikamentöse und andere, z.B. technisch-gestützte Anwendungen (wie Radiotherapie) zusammen einsetzen. Die CTD, deren Ziel die vereinfachte und harmonisierte Anmeldung und Durchführung von (paneuropäischen) Studien zum Ziel hatte, bezieht sich aber vorwiegend auf Medikamentenstudien. In den Gesetzgebungen vieler Mitgliedstaaten verweisen klinische Studien je nach Typ (Pharmakologie, Radiologie, Chirurgie, kombinierte Therapien, Kosmetik, etc.) auf unterschiedliche gesetzliche Regelungen. Lediglich Frankreich hat ein gänzlich einheitliches Reglement für alle Typen klinischer Studien, dicht gefolgt von Belgien und den Niederlanden, die ebenso radiologische und chirurgische Studien einbeziehen. Da sich die Richtlinie eben nicht auf diese komplexen Modi klinischer Studien bezieht, besteht weiterhin Unsicherheit bezüglich der Klassifikation gewisser Studien:

> [M]any borderline situations will occur in future trials, making it difficult to determine whether a trial falls under the new regulation or not. Such problems are even more far-reaching if a multicentre trial investigating complex modes of treatment is carried out in many different European countries. (Hartmann/Hartmann-Vareilles 2006: 1)

Doch auch bloß bei Medikamentenstudien bleibt das Feld relativ zerklüftet. Die Umsetzungen der Richtlinie in den einzelnen Mitgliedstaaten ließen – obwohl scheinbar die Implementierung erfolgreich verlaufen ist – nationale Besonderheiten bestehen. Dieser Umstand scheint dem Faktum geschuldet zu sein, dass sich die Mitgliedstaaten nur soweit an die Vorgaben der Richtlinie halten, solange sie in ihre etablierten Verfahrensweisen passen (O'Donnell 2007a). Es scheint, als ob diese Schwierigkeiten dem breiten Spektrum von nationalen Praxen und Verfahrensweisen entspringen, die in engem Zusammenhang mit dem zu interpretieren wären, was Arthur Daemmrich unterschiedliche „therapeutische Kulturen" genannt hat (vgl. Daemmrich 2004) – also der spezifischen diskursiv-institutionellen Konstellation, in der verschiedene Akteure miteinander in Beziehung treten können, sowie der Werte und Einstellungen, die diese Akteure gegenüber dem Gesundheitssystem und seinen Komponenten vertreten. Daemmrich definiert sein Konzept wie folgt:

> Therapeutic cultures [...] refers specifically to the historical evolution of a distinctive set of institutionalized relationships among the state, industry, physicians, and disease-based organizations. (Daemmrich 2004: 4)

Diese nationalen Besonderheiten finden sich beispielsweise in den unterschiedlichen Anforderungen an das Studienprotokoll. Während in Deutschland die Definition breiter ist als in allen übrigen Ländern, verlangen einige Länder, dass manche Referenzprodukte (z.b. bei Studien, die ein Prüfpräparat gegen das Standardpräparat testen) als Prüfpräparate gelten und demnach nicht mehr vom Versuchsleiter (z.b. dem Prüfarzt eines Auftragsforschungsinstituts oder einer Klinik), sondern vom Sponsor gratis zur Verfügung gestellt werden müssen (O'Donnell 2007a). Handelt es sich hierbei um Produkte anderer pharmazeutischer Unternehmen, kann das zu zusätzlichen Problemen führen, da diese Referenzprodukte, sobald sie als IMPs gelten, entsprechend vom Sponsor als „klinische Prüfpräparate" etikettiert werden müssen.

Ein weiteres Problem für Firmen, die eine Studie in mehreren europäischen Ländern anmelden wollen ist, dass sie beim Einreichen der Unterlagen auf unterschiedliche Anforderungen stoßen, welche im Voraus schwer bzw. gar nicht zu identifizieren sind, da sie üblicherweise nicht in den Leitlinien vermerkt oder an einem zentral zugänglichen Ort publiziert sind (O'Donnell 2007a). In diesem Sinne empfiehlt die EMEA den einzelnen Mitgliedstaaten:

> The overall aim should be for Member States to comply with a single common CTA [clinical trial application] form with harmonised data requirements for all NCAs [national competent authority] and ethics committees, and to have a single electronic submission point through the EudraCT portal. This single submission point should be for both the CTA form and the supporting IMPD and study documentation.
> (EMEA 2007: 21)

Zwar hat die Europäische Kommission 2005 Leitlinien entwickelt, die nationalen Behörden bei der Antragstellung behilflich sein sollten, doch wurden dabei die nationalen Erfordernisse, die in den jeweiligen Ländern galten, nicht berücksichtigt (O'Donnell 2007a).

Eine kurze Übersicht der Divergenzen in der europäischen Landschaft für klinische Forschung mag verdeutlichen, mit welchen administrativen – und damit auch finanziellen – Herausforderungen Sponsoren zu kämpfen haben:

In Österreich und Belgien ist zusätzlich zum europäischen noch ein nationales Einreichprotokoll erforderlich; Dänemark fordert eine eigene Prüfarztbroschüre; in Estland bedarf es eines eigenen Begleitschreibens und Entschädigungsprovisionen; Frankreich verlangt ein Dokument, das virologische Informationen enthält, wobei Deutschland gleich ein umfassendes virologisches Gutachten anfordert. Weiters muss in Deutschland eine Begründung der Geschlechterverteilung der Versuchspersonen in einer Studie beigelegt werden. In Polen müssen alle Verträge mit Prüfärzten schon vor Studienbeginn unterzeichnet werden. Und Schweden insistiert auf der Prüfung jeden Labors bzw. jeder Anlage außerhalb der EU, die Prüfpräparate herstellen, durch eigene nationale Behörden, sowie auf einer sehr frühen Abgabefrist für Anträge bei Ethikkommissionen. Die Liste ließe sich noch beliebig weiterführen... (Auszug aus einer tabellarischen Zusammenstellung in O'Donnell 2007a).

Des Weiteren beklagen sich Vertreter der Industrie über unterschiedliche Resultate der Reviews in multizentrischen Studien, vor allem in Bezug auf die Uneinigkeit hinsichtlich der Dauer von Reviews, Forderungen, die Protokolle zu ergänzen oder zu überarbeiten, sowie die unterschiedlichen Entscheidungen nationaler Ethikkommissionen. Ähnlich problematisch erscheint die teilweise von Staat zu Staat unterschiedliche Interpretation von „wesentlicher Änderung" des Studienprotokolls. Die UK National Patient Safety Agency des NHS definiert beispielsweise eine wesentliche Änderung als eine, die: 1. die Sicherheit oder die körperliche oder seelische Unversehrtheit der Versuchspersonen, 2. den wissenschaftlichen Wert der Studie, 3. die Durchführung oder das Management der Studie, oder 4. die Qualität oder Sicherheit eines in der Studie verwendeten Prüfpräparats zu einem gewissen Grad beeinflussen könnte bzw. es wahrscheinlich tatsächlich beeinflusst (National Patient Safety Agency Webpage 2009). Das Vereinigte Königreich gilt hierbei als die anspruchsvollste Behörde (O'Donnell 2007a).

Nicht zuletzt erscheinen Ungereimtheiten in Bezug auf Anforderungen der Berichterstattung bei Behörden, besonders im Fall des Auftretens unerwarteter schwerer Nebenwirkungen. Eine 2007 auf dem Treffen des Europäischen Forums für gute klinische Praxis vorgebrachter Vorschlag, alle dieser Art von Nebenwirkungen sogleich an Ethikkommissionen zu senden, würde jedoch eine hoffnungslose Überflutung dieser mit gigantischen Datenmengen zur Folge haben (ebd.). Überdies finden sich auch Diskrepanzen in Fragen, wem und wie Bericht erstattet werden soll: Nicht alle Länder fordern wie Großbritannien, dass Ethikkommissionen benachrichtigt werden, und in vielen Ländern herrschen unterschiedliche Vorstellungen über die Art des Rapports – elektronisch oder in Papierform.

Die von der Kommission eingesetzte Clinical Trials Facilitation Group, welche die Mitgliedstaaten und ihre Behörden bei der Implementierung der CTD dahingehend unterstützen sollte, dass sie derartige Probleme

entdeckt und ihnen vorbeugt (vgl. EMEA 2007: 12), konnte allem Anschein nach auf diese Schwierigkeiten nicht angemessen reagieren.
Während all diese Hürden für große Pharmafirmen finanzielle und Wettbewerbsschwierigkeiten darstellen, welche den europäischen Markt klinischer Forschung im globalen Kontext schlichtweg unattraktiv machen, bedeuten sie, so die Befürchtung zahlreicher Industriellenvertreter, ein Aus für kleine und mittlere Unternehmen in der biomedizinischen und der Pharmabranche. Wie wir in Kapitel 2 schon gesehen haben, kann ohnehin von einer „Arbeitsteilung" zwischen kleinen biopharmazeutischen Unternehmen und großen Pharmakonzernen gesprochen werden. Die Frage, die sich stellt, ist, ob die CTD dieses Verhältnis zu Gunsten der Großkonzerne quasi einzementiert, da es schon vor der CTD für kleine Unternehmen administrativ und vor allem finanziell schwierig war, klinische Studien ohne staatliche oder großindustrielle Hilfe durchzuführen.

Die Kritik seitens der Industrie lässt sich nun wie folgt zusammenfassen: Es wurden 2001 große Erwartungen in die Clinical Trials Directive gesteckt, welche die Hoffnung erweckte, Europa zu einem attraktiven Markt für klinische Forschung und Entwicklung zu machen. Große pharmazeutische Unternehmen, bei welchen der besagte Druck auf die Pipeline in den letzten Jahren drastisch gestiegen ist, sowie kleine Pharma- und Biotechfirmen haben erhofft, dass die angestrebte Harmonisierung von Standards zu einem Rückgang bürokratischer Hürden, geringeren Kosten und zu einem Rückgang der Entwicklungsdauer neuer Medikamente führen werde. Statistiken der letzten Jahre zeigen jedoch das Gegenteil: eine stetige Zunahme der Dauer und der Kosten klinischer Forschung, die aus industrieller Perspektive einen Hemmschuh darstellt (vgl. PhRMA 2008, 2001; Hartmann 2005, Daemmrich 2004, DiMasi *et al.* 2003).

Kritik von akademischer Wissenschaft

Doch nicht nur Akteure der Pharmaindustrie – deren vorrangiges Interesse, trotz aller weiteren sozialen, medizinischen oder ethischen Verpflichtungen letztlich in der Profitmaximierung liegt (Relman/Angell 2002) – sondern auch jene der Wissenschaft, der medizinischen Profession und des Gesundheitswesens meldeten Kritik an der EU-Richtlinie und ihrer Umsetzung an.
Als zentraler Diskussionspunkt, welcher in zahlreichen Stellungnahmen eingehend beleuchtet wird, steht die Auswirkung der CTD auf die nicht-

kommerzielle klinische Forschung. Unter „nichtkommerzieller Studie" wird gewöhnlich eine klinische Studie verstanden, die von einem Versuchsleiter außerhalb eines Produktentwicklungsplans initiiert wird, d.h. ohne Beteiligung der pharmazeutischen Industrie. Diese Studien wollen oft, wenn auch nicht immer, Fragen in Zusammenhang mit der Behandlung im klinischen Alltag klären (Hartmann 2005). Wie Daten von EudraCT belegen, wird jede fünfte Studie von einem nicht-kommerziellen Sponsor initiiert bzw. durchgeführt, was eine relevante Anzahl darstellt (EMEA 2007). Obwohl der Terminus „nichtkommerzielle Studie" der CTD entspringt, findet sich nirgends in der EU eine gemeinsame Definition, was darunter genau zu verstehen sei. Solche Studien können mitunter sehr breit gefasst sein und experimentelle Forschung an neuen, noch nicht zugelassenen chemischen und/oder biologischen Substanzen sein, sowie auch Forschung an fundierten und lizenzierten Medikamenten zwecks weiterer Erkenntnis für die effektive Behandlung (so genannte *therapeutic use trials*). Beispielsweise untersuchen solche klinische Studien Auswirkungen unterschiedlicher Dosierung oder Varianten der Verabreichung (vgl. Hartmann/Hartmann-Vareilles 2006).

Lediglich Italien und Belgien haben Gesetze verabschiedet, die den Nutzen von nichtkommerzieller klinischer Forschung für Patienten und die gesamte Bevölkerung anerkennen (ebd.). Francis Crawley von der GCP Allianz Europa rief andererseits dazu auf, „alle Unterscheidungen zwischen kommerziellen und nichtkommerziellen respektive akademischen klinischen Studien restlos aus der Gesetzgebung zu entfernen", da die Quelle und die Art der Finanzierung für Erwägungen zu guter klinischer Praxis nicht von Bedeutung sei (Zitat in O'Donnell 2008a, Übers. CH).

Damit sind wir bei den Kernpunkten der strittigen Debatte um nichtkommerzielle Forschung angekommen: der Rolle des Sponsors und der Finanzierung.

Die in der Richtlinie festgeschriebene juristische Definition eines Sponsors sorgte für Bedenken von Seiten der akademischen Forschung. Im Wortlaut heißt es, ein Sponsor sei eine „Person, Unternehmen, Institution oder Organisation, die bzw. das die Verantwortung für die Einleitung, das Management und/oder die Finanzierung einer klinischen Prüfung übernimmt." (Richtlinie 2001/20/EG, Art. 2.e). Kritiker haben angemerkt, dass diese Definition zu starr sei, und die partnerschaftlichen Netzwerke, welche nichtkommerzielle Studien meist charakterisieren, nicht mit einberechnet (Watson 2003). Richard Sullivan, Leiter der klinischen Abteilungen von Cancer Research UK, meinte, dass die Richtlinie die Struktur der

Zusammenarbeit zwischen Universitäten und verschiedenen anderen Partnern und Institutionen nicht entsprechend stütze, und warnte:

> It is unlikely that any body involved in publicly funding cancer trials, be it Cancer Research UK or others, will be able to take on this role, and without a sponsor publicly funded cancer trials in the UK will stop. (Watson 2003: 1348)

Dieses Problem spitzt sich weiter zu, je größer die geplante Studie sein soll bzw. muss – bei kleinen monozentrischen Anwendungsstudien (*therapeutic use*), die z.B. an einer Klinik und von einem Prüfarzt (üblicherweise dem Abteilungsleiter) durchgeführt werden, hält sich das Problem in Grenzen. Sobald es aber um neue Prüfpräparate geht, und damit die Kosten für den potentiellen Wirkstoff von einem Sponsor übernommen werden müssen, oder wenn die ersten toxikologischen und pharmakokinetischen Ergebnisse das Fortschreiten zu größeren, randomisierten Studien erfordern, stellt sich das Problem des Sponsors in seinem vollen Umfang.

Rory Collins, Epidemiologe in Oxford, klagte, dass das gesamte Anwachsen von Gesetzen und Richtlinien klinische Forschung in ihren Resultaten durchaus unverlässlicher machen könnte, und somit Patienten eher schade als nütze. Er kritisierte, dass der gesamte Ansatz der EU „verkehrt" sei, mit einem „obsessiven Augenmerk auf Details", welcher die wahren Zielsetzungen klinischer Studien verkenne (frei zitiert nach O'Donnell 2007b, Übers. CH). Demnach verhindern bürokratische Hindernisse groß angelegte randomisierte Studien und GCP-Bestimmungen machen die Finanzierung aus öffentlichen Mitteln schwierig: Seit dem Inkrafttreten der CTD haben sich die Kosten für nichtkommerzielle klinische Krebsforschung verdoppelt und der Studienbeginn verzögert sich bis zu zwölf Monaten (vgl. ebd.).

Mediziner und Fachleute aus dem klinischen Bereich bemängeln, dass diese Studien für das Wohl der Patienten und für in Aussicht stehende Behandlungsmöglichkeiten aber unerlässlich seien. Und obwohl die EU-Richtlinie dezidiert das Wohl der Patienten im Auge habe, sei auf diesen – im übertragenen Sinne – Gewinn bringenden Bereich wenig Rücksicht genommen worden. Finanzierung bleibt für unabhängige Studien weiterhin das Hauptproblem. Abgesehen von der engen rechtlichen Bestimmung des Sponsors haben sich auch die strengen GCP-Leitlinien auf die Planung und Finanzierung akademischer klinischer Studien ausgewirkt. Je beschwerlicher die gesetzlichen Anforderungen werden, desto wenigere von unabhängigen klinisch-medizinischen Zentren geplante Studien werden angeregt. Vor allem in der Kinderheilkunde oder bei seltenen Krankheiten gelten solche therapeutischen Studien als absolut notwendig. Doch Prognosen und Ergebnisse erster Untersuchungen bestätigen den Rückgang nichtkommerzieller Studien seit 2004 um 30-50 Prozent (Hartmann/Hartmann-Vareilles 2006). Ärzte und Patientengruppen befürchten, dass diese Entwicklungen die Möglichkeit und die Wahrscheinlichkeit, Zugang zu innovativen Behandlungen zu bekommen, deutlich senken. Besonders die pädiatrische Krebsforschung erwartet mit dem Rückgang akademischer Forschung auch schwächere Ergebnisse für Patienten (vgl. ebd.).

Eine neue Richtlinie, in der die genauen Anforderungen zur Einhaltung guter klinischer Praxis bestimmt werden (EU-Dir 2005/28/EC), sollte im Jänner 2006 von den Mitgliedstaaten implementiert werden. Ihr Anspruch war, den Mitgliedstaaten mehr Freiraum für die Regulierung nichtkommerzieller Studien einzuräumen. In Absatz 11 heißt es:

> Nichtkommerzielle klinische Prüfungen, die von Wissenschaftlern ohne Beteiligung der pharmazeutischen Industrie durchgeführt werden, können einen hohen Nutzen für die betroffenen Patienten haben. [...]
> Aufgrund der Bedingungen, unter denen die nichtkommerziellen Prüfungen von der öffentlichen Forschung durchgeführt werden und der Orte, an denen diese Prüfungen stattfinden, ist die Anwendung bestimmter Einzelheiten der guten klinischen Praxis unnötig oder durch andere Mittel sichergestellt. Die Mitgliedstaaten gewährleisten in diesen Fällen, wenn sie spezifische Modalitäten vorsehen, die Einhaltung der Ziele des Schutzes der Rechte der Patienten, die an der Prüfung teilnehmen sowie generell die korrekte Anwendung der Grundsätze der guten klinischen Praxis.
> (Richtlinie 2005/28/EG, Abs. 11)

Die Frage, die sich stellt, ist aber, ob Staaten, die gerade ihre Gesetzgebung für nichtkommerzielle klinische Studien auf Grund der vorangegangenen europäischen Gesetzgebung zu Gunsten einer restriktiven Regelung abgeändert haben, den Weg für eine Lockerung auf dem Gebiet beschreiten werden.

Jedenfalls wurde die sehnsüchtig erwartete Leitlinie der Kommission bisher noch nicht veröffentlicht (vgl. Hartmann/Hartmann-Vareilles 2006).[39]

Und nicht nur die Pharmaindustrie sowie die akademische Forschung fühlen sich mit dem zunehmenden „Papierkrieg" überfordert: Selbst GCP-Inspektoren von nationalen Behörden und Ethikkommissionen haben mit den gestiegenen administrativen Ansprüchen zu kämpfen und fordern

---

[39] Ein Entwurf findet sich bei European Commission (2006).

sowohl eine endgültige und erfolgreiche Harmonisierung wie auch eine Reduktion des Datenansturms, da dieser auf Grund fehlender finanzieller Mittel und/oder Personals schlichtweg nicht bearbeitbar sei. Ein Konferenzteilnehmer der CTRC bringt das Phänomen polemisch auf den Punkt, indem er sich gegen das enorme *safety reporting* ausspricht: „there is too much paper, [...] too much garbage to too many recipients" (vgl. O'Donnell 2007b).

Auswirkungen auf den notfallmedizinischen Bereich

Ein weiterer heftiger Kritikpunkt an den neuen EU-Richtlinien gilt einem heiklen Bereich der täglichen klinischen Realität: der Notfallmedizin. Um übliche notfallmedizinische Maßnahmen und Techniken, welche beispielsweise bei plötzlichem Herzstillstand, Schlaganfall oder akutem Trauma nach einem Unfall zum Tragen kommen, zu evaluieren und gegebenenfalls zu verbessern, gilt es auch in diesem sensiblen Bereich Patienten in klinische Studien einzubeziehen.
Die Bestrebungen der EU-Gesetzgebung, sich für den Schutz und die Rechte unzurechnungsfähiger Patienten einzusetzen, und die Bestimmungen für die mit der Einwilligungserklärung verbundene Aufklärungs- und Informationsarbeit zu stärken, verhindern jedoch in manchen Fällen notwendige klinische Forschung.
Handelt es sich bei den zu schützenden, nicht-einwilligungsfähigen Patienten um chronische Zustände (wie z.B. in der Psychiatrie, bei Formen von Demenz oder bei Komapatienten), so ist es vielfach möglich, ohne exzessivem Zeitdruck nach einem Weg zu suchen, der fehlenden Einwilligung eventuell beizukommen (sei dies durch strenge behördliche, medizinische oder juristische Prüfung, sei es durch Einwilligung durch Rechtsvertreter oder Familienangehörige etc.). Bei Personen, die jedoch plötzlich nach einem schwerwiegenden Unfall in Lebensgefahr schweben, muss schnell gehandelt werden – und somit wird auch eine schnelle Entscheidung, ob der Patient in einen klinischen Versuch integriert wird, erforderlich. Das Problem, das hier vorliegt, besteht in der juristischen Definition des „gesetzlichen Vertreters", dessen Mandat in etwaigen Situationen benötigt wird, um einen nicht einwilligungsfähigen Patienten in eine Studie zu integrieren. In der EU-Richtlinie wurde zunächst keine Harmonisierung dieser Bestimmung gefordert:

Der Begriff des gesetzlichen Vertreters bezieht sich auf geltendes nationales Recht und kann daher natürliche oder juristische Personen, eine durch nationales Recht vorgesehene Behörde und/oder Stelle umfassen. (Richtlinie 2001/20/EG, Abs. 5)

Die Folge dieser Bestimmung resultiert in einem ziemlich breiten Spektrum an rechtlichen Anforderungen, die sich mitunter auf die Ausübung notfallmedizinischer Studien auswirken. Wie Ernst Singer und Marcus Müllner herausstreichen, zählte die Situation in Österreich für notfallmedizinische Interventionen in diesem Sinne zu den schwierigsten und unflexibelsten, was sich mitunter auf die optimale Behandlung von Notfallpatienten auswirkte (vgl. Singer/Müllner 2002). Artikel 5 der CTD über „nichteinwilligungsfähige Erwachsene" lässt Parallelen zur österreichischen Gesetzgebung von 1996 erkennen, in der jede Studie rigoros an die Einwilligung nach Aufklärung jedes Teilnehmers gebunden ist. Auf den ersten Blick, so die Autoren, steht dies in bestem Einklang mit den Grundsätzen der Helsinki-Deklaration, jedoch führt das Gesetz zu einem scheinbaren forschungsethischen Paradoxon:

> This legislation has created the absurd situation that a modern, industrialized country, loyal to the ethical principles of the Helsinki Declaration, leaves research and testing of medical devices to other countries. Austria is ready to use it only after clinicians and patients in other parts of the world have taken the risk of researching the intervention. [...] It seems barely credible that any legislation can create such an illogical situation for patients and their doctors (ebd.: 1169).

Mit der CTD wurde die österreichische Situation jedoch nicht wie erwartet verbessert oder behoben, vielmehr wurde die österreichische Spezifität dadurch auf europäischer Ebene verallgemeinert: „Austria's affliction spreads into a European disease" (ebd.).

Empfehlungen seitens der involvierten Akteure an die europäischen Gesetzgeber wären zunächst, Aussetzungsklauseln für die Einwilligungserklärung bei Notfallstudien zur Verfügung zu stellen. Die US Food and Drug Administration hat bereits 1996 eine Aussetzungsbestimmung in speziellen Fällen klinischer Studien zur Notfallmedizin verankert, nachdem eine striktere Gesetzgebung wichtigen Fortschritt für kritische klinische Situationen verunmöglicht hat (Liddell *et al.* 2005).

Weiters wird eine Vereinheitlichung gewisser relevanter Definitionen und juristischer Begriffe gefordert, wie eben der des gesetzlichen Vertreters. Unterschiedliche nationale (Rechts-)Praxen führten bei der Implementierung der Richtlinie zu maßgeblichen Divergenzen mit nachhaltigen Effekten auf die notfallmedizinische Forschung (ebd.).

Conclusio: Welche Signatur trägt die europäische Gesetzgebung?

Welche Schlüsse lassen sich nun aus all dem ziehen, welche Interpretationen lässt eine Analyse der Kritiken an der CTD in Hinblick auf unsere Forschungsfragen zu?
Zunächst erscheint es aufgrund der gesichteten Quellen als wahrscheinlich, dass die CTD wesentlich Interessen der pharmazeutischen Industrie nachkommen wollte. Hier braucht nicht mehr interpretiert werden, als die Richtlinie selbst eingesteht: Es geht um die Erleichterung klinischer Studien im Forschungsraum Europa. In Zeiten des zunehmenden globalen Wettbewerbs gilt es, den Wirtschafts- und Forschungsstandort zu sichern – einerseits in Bezug auf die USA, welche in der Pharmabranche die EU überflügeln, andererseits in Hinblick auf den verstärkten Wettbewerb aus Asien (Indien, China, Japan, etc.). Doch wie wir gesehen haben, hat die Regulierung nicht erreicht, was ihr vorrangigstes Ziel war: die Schaffung einheitlicher Standards. Im Vergleich zu den USA muss hier zweierlei angemerkt werden: Zunächst ist die EMEA der amerikanischen FDA insofern unterlegen, da sie kein umfassendes Mandat hat – es bleiben weiterhin nationale Arzneimittelbehörden bestehen, die aufgrund der unterschiedlichen politischen Strukturen und ihrer spezifischen historischen Genese durchaus unterschiedlichen Einfluss auf nationaler Ebene aufweisen. Arthur Daemmrich hat anhand eines Vergleiches USA-Deutschland gezeigt, wie unterschiedlich Institutionen und Akteure trotz formaler Ähnlichkeit in unterschiedlichen politisch-historischen Kontexten – therapeutischen Kulturen – sein können (vgl. Daemmrich 2004). Zahlreiche Publikationen haben den beträchtlichen Einfluss der amerikanischen Pharmalobby (PhRMA) thematisiert und konstatiert, dass PhRMA substantiellen Einfluss auf die US-Arzneimittelgesetzgebung (im weitesten Sinne) ausübt (Abraham 2002, Relmann/Angell 2002, Angell 2004, Daemmrich 2004). Leider habe ich keine entsprechenden Studien zum Einfluss der European Federation of Pharmaceutical Industries Associations (EFPIA) gefunden. Jedoch lässt sich vermuten, dass ein ähnlich starker Einfluss ausgeübt wird, und zwar aus folgenden Gründen.
Zum einen gehört Lobbying zur Praxis europäischer Politik. Die Politikwissenschafter Markus Jachtenfuchs und Beate Kohler-Koch bemerken dazu:

Lobbyarbeit in Brüssel ist mehr als das Werben für eigene Interessen und Standpunkte. Interessensvertreter finden vor allem dann Gehör, wenn sie sachlich relevante Information insbesondere in der Form wirtschaftlicher und technischer Spezialkenntnisse und innovativer Lösungsansätze für komplexe Regelungsprobleme bieten können. (Jachtenfuchs/Kohler-Koch 2004: 88)

Dass sich die Pharmaindustrie nicht die Chance nehmen lässt, mit ihrer „Expertise" in politischen Gremien zu dienen, zeigt sich, wie John Abraham verdeutlicht, anhand eines weiteren Beispiels:

> [M]ore subtlely, industry can penetrate into the heart of regulatory political subculture via the so-called revolving door—ie, regulatory officials begin their careers in industry, then work for some years in the regulatory agency until they are promoted back into industry at a higher level than they were at previously. (Abraham 2002: 1498)

Ein weiterer Punkt, den man nicht vergessen sollte, ist, dass die ersten Bestrebungen einer (internationalen) Harmonisierung auf Initiative der Pharmaindustrie entstanden sind, nämlich in Form der ICH, in welcher vornehmlich Pharmalobbyisten mit politischen Entscheidungsträgern zusammenarbeiten (Abraham 2007).

Wenn man die zahlreichen vorgebrachten Kritikpunkte interpretiert, macht es mir den Anschein, als ob Kritiker aus der Pharmaindustrie beklagen, dass die EU zwar den Willen gehabt habe, ihren Wünschen bzw. Anregungen beizukommen, es aber letztlich nicht geschafft habe, diese auch erfolgreich umzusetzen. In Folge dieses Scheiterns habe sich letztlich das verstärkt, was ursprünglich durch die Gesetzgebung behoben werden sollte: die Divergenzen und hohen Anforderungen bei klinischen Studien.

Die Reaktionen aus dem nicht-industriellen Bereich waren jedoch wesentlich energischer: Beklagt wird, dass die CTD akademische, nicht-kommerzielle Forschung de facto verunmögliche, gewisse medizinisch-relevante Studien verkompliziere und dass diese industriefreundliche Gesetzgebung auf Kosten des Wohles der Patienten gehe. Es ließe sich behaupten, dass in gewisser Weise auf die konkreten Bedürfnisse des klinischen und medizinisch-akademischen Alltags schlichtweg vergessen wurde.

In Hinblick auf Patientenorganisationen lässt sich ebenso wenig sagen. Bei der CTRC waren, wie beschrieben, kaum organisierte Patientenverbände anwesend.[40] Arthur Daemmrich hat vermerkt, dass im Vergleich zu den USA Patientenorganisationen weitaus seltener und schwächer vernetzt sind. Zumindest für Deutschland gilt, dass Patienten oftmals durch ihre Ärzte repräsentiert werden, wohingegen sich in den USA eine andere Tradition der Repräsentation eingestellt hat, die wesentlich mehr auf direkte Selbstrepräsentation setzt (Daemmrich 2004).

Es scheint, dass es, wie eingangs vermerkt wurde, diesem doppelten Anspruch geschuldet ist, dass sich die Bestrebungen der Harmonisierung auf europäischer Ebene als ein biopolitisches Kräftemessen lesen lässt: Einerseits geht es darum, den globalen ökonomischen Erfordernissen gerecht zu werden und andererseits, sowohl die europäische Öffentlichkeit als auch das einzelne Individuum vor Risiken der medizinischen Forschung so gut wie möglich zu beschützen. Beide dieser Ziele beziehen sich direkt auf einen gewissen politischen Umgang mit Menschen als Versuchspersonen und ihren Körpern: als Forschungsmaterial einerseits, als ein bioethischer Körper mit dem Recht auf Unversehrtheit andererseits. Vielleicht liegt es mitunter an dieser biopolitischen Spannung, dass die europäische Initiative ein so umstrittenes Thema darstellt.

---

40 Aus der Teilnehmerliste kann man entnehmen, dass es unter zehn gewesen sind – vorausgesetzt, man zählt Ethikkommissionen nicht hinzu. Dann wären es weitaus mehr gewesen. (vgl. EMEA 2007: 53-75).

4

Grabenkämpfe zwischen Wissenschaft und Moral: sterbende Patienten und die Reform klinischer Studien

In den 1960er und 1970er Jahren, quasi als Nachwehen des Contergan-Skandals, erfuhr der pharmazeutische Sektor sowohl in Europa als auch in den USA eine Welle stärkerer Regulierung. Strengere Spielregeln für die Pharmabranche wurden als notwendiges Mittel erachtet, um die Bevölkerung vor etwaigen Risiken zu schützen. Im gewissen Sinne wurde die pharmazeutische Industrie in dieser Zeit verstärkt als Gefahr für die öffentliche Gesundheit wahrgenommen, und als solche diskursiviert. Doch mit dem Aufkommen der AIDS-Epidemie Anfang der 1980er Jahre erlebte das Feld der „Pharmakopolitik" (Daemmrich 2004) erneut eine Transformation: Nun waren es eben diese strikten Regulierungen und das strenge wissenschaftliche Selbstverständnis des medizinischen Establishments, die scheinbar der Sorge um die öffentliche Gesundheit im Wege standen, da sie die Entwicklung und Zulassung neuer lebensrettender AIDS-Medikamente verzögerten.

In diesem Kapitel gilt es, das Feld klinischer Studien im Bereich unheilbarer und lebensbedrohlicher Krankheiten zu betrachten, und zu zeigen, wie wissenschaftliche Standards und Verfahrensweisen in engem Zusammenhang mit sozialen und politischen Praktiken stehen. An zwei Beispielen soll gezeigt werden, wie moralische und wissenschaftliche Fragen sowie medizinische und politische Forderungen zusammen artikuliert wurden, um das Feld klinischer Studien zu reformieren. Damit in Verbindung steht das Auftreten einer neuen Form von Patientenaktivismus und der damit verbundenen Ausbildung von neuen Formen biosozialer Identität und Subjektivität – die durch Aktivität, Verantwortungsbewusstsein und Selbstbestimmtheit gekennzeichnet ist – welche die gegenwärtige diskursive Verfasstheit der Gesundheitspolitik charakterisiert (und wie sie zuvor im Kapitel über Bio-Macht beschrieben wurde). Zudem geht mit diesen Entwicklungen auch eine Transformation sozialer Hierarchien und Machtverhältnisse zwischen Staat, Wissenschaft, und der Öffentlichkeit einher, welche als Ausgangspunkt zur Untersuchung demokratiepolitischer Aspekte der Wissensproduktion genommen werden kann.

4.1 AIDS, Patientenaktivismus und die Reform klinischer Prüfungen

Die Geschichte von AIDS liest sich wie ein Krimi. Als in den USA der frühen 1980er Jahre die ersten AIDS-Patienten in Kliniken und Spitäler eingeliefert wurden, herrschte eine lange Zeit Ratlosigkeit über Ätiologie, Krankheitsverlauf oder mögliche therapeutische Maßnahmen, um die Epidemie in den Griff zu bekommen. Immer mehr vor allem junge Leute wurden von diversen Symptomen befallen – starkem Fieber, dem Kaposi-Sakroma, Erkrankungen des lymphatischen Systems, Schwächeanfällen, etc. – welche erst später als „AIDS-definierende Krankheiten" zu einem klinischen Bild zusammengefasst wurden. Abgesehen von den sozialen und klinischen Dimensionen der Epidemie traf die AIDS-Krise auch das medizinische Establishment und sein Selbstverständnis (Smith/Siplon 2006). Die so genannte *antibiotic revolution* sowie Fortschritte bei der Impfstoffentwicklung hatten dazu geführt, dass die Medizin auf dem Gebiet der (bakteriell verursachten) Infektionskrankheiten einen entscheidenden Erfolg verzeichnet hatte. Anfang der 1980er Jahre wurden aufgrund der Vorstellung, dass derartige akute Epidemien der Vergangenheit angehörten, zahlreiche immunologische und epidemiologische Forschungsinstitute geschlossen, und die forschungspolitische Agenda tendierte dazu, ihren Schwerpunkt auf chronische, endemische Krankheiten wie Diabetes oder Herz-Kreislauferkrankungen zu verlagern (ebd.). Mit dem Aufkommen von AIDS wurde sowohl dem optimistischen Selbstverständnis der biomedizinischen Wissenschaft, als auch dem freizügigen und hoffnungsvollen Zukunftsbild innerhalb großer Teile westlich-liberaler Gesellschaften ein heftiger Schlag versetzt.

Doch was können wir für die sozio-politische Analyse klinischer Forschung vom Beispiel HIV/AIDS lernen? Es lässt sich festhalten, dass AIDS für unterschiedlichste sozialwissenschaftliche Forschungsrichtungen und Fragestellungen ein interessantes Feld darstellt, und ganz besonders für die Wissenschaftssoziologie, für die Analyse neuer sozialer Bewegungen, für eine politikwissenschaftliche Analyse der Steuerung und Regulierung biomedizinischer Forschung, sowie für die Gesundheitspolitik im Allgemeinen. Ich möchte mich auf die Aspekte der Infragestellung und der Reform klinischer Studien durch die AIDS-Bewegung konzentrieren. Ohne zu sehr in eine wissenschaftssoziologische Perspektive wechseln zu wollen, möchte ich Fragen nach der Produktion von (klinisch-medizinischem) Wissen und der damit in Beziehung stehenden Transformation der Arzt/Patienten-Beziehung nachgehen.

AIDS: eine epidemiologische und virologische Bestandsaufnahme

In den letzten zwei Jahrzehnten hat sich AIDS zu einer globalen Pandemie entwickelt. Doch während es in den reichen Industriestaaten derzeit die medizinische Möglichkeit gibt, die betroffenen Populationen mit relativ guten Medikamenten zu versorgen, scheint im „globalen Süden" die Epidemie weiterhin ohne Hoffnung auf Einhalt ganze Landstriche zu entvölkern. Laut Angaben von UNAids leben derzeit etwa 33 Millionen Menschen mit dem HI-Virus, und jährlich kommen 2,5 Millionen Neuinfektionen dazu. Bisher hat AIDS weltweit etwa 25 Millionen Menschen das Leben gekostet (vgl. UN-GA 2007).
Obwohl in den letzten 20 Jahren wesentliche medizinische Erfolge auf dem Gebiet der AIDS-Forschung verzeichnet werden konnten, ist es bis heute nicht möglich, eine HIV-Infektion zu heilen. Erste halbwegs wirkungsvolle Medikamente gegen die Krankheit wurden Mitte der 80er Jahre auf den Markt gebracht (Zidovudin, vermarktet von Glaxo unter dem Namen Retrovir, stellte das erste deutlich wirksame Präparat dar). Doch erst mit der Entwicklung der HAART (highly active antiretroviral therapy) ab dem Jahre 1995, welche heute noch das therapeutische Standardverfahren darstellt, ließ sich der pathologische Verlauf der HIV-Infektion derart unter Kontrolle bringen, dass ein Ausbruch von AIDS lang verzögert werden kann. Unter HAART versteht man eine Kombinationstherapie unterschiedlicher antiretroviraler Wirkstoffe (meistens aus drei verschiedenen biochemischen Klassen), die auf unterschiedliche Weise das Eindringen des Virus in die Zelle sowie seine Vermehrung nach dem Eindringen bremsen bzw. verringern sollen. Beim HI-Virus handelt es sich um ein Retrovirus, dass seine RNA in die DNA des Genoms der

Wirtzelle einbaut. Einmal in der Zelle eingenistet, führt der Virus zur kontinuierlichen Zerstörung der weißen Blutkörperchen, und damit zu einer umfassenden Schwächung des Immunsystems. In Folge ist der Körper nicht mehr in der Lage, die unter normalen Umständen mindergefährlichen Erreger (Pilze, Bakterien, etc.) zu bekämpfen, und es kommt somit zum Ausbruch gewisser, eben „AIDS-definierender" Symptome.

Ein Umstand, der die medizinische Forschung wesentlich erschwert, ist die Tatsache, dass das Virus sehr schnell mutiert. Es sind bisher zwei Haupttypen des Virus bekannt, HIV-1 und HIV-2, das drei Jahre später identifiziert wurde. Weiters gibt es von beiden Typen unzählige Subgruppen, welche teilweise eine unterschiedliche molekulare Struktur aufweisen und somit auch unterschiedliche Behandlungsstrategien erfordern. Besonders problematisch für die Therapie ist, wenn ein Patient − beispielsweise durch ungeschützten Sex mit unterschiedlichen Partnern − mit mehreren Subgruppen gleichzeitig infiziert wurde, da dadurch rekombinante Formen des Virus entstehen können, welche oftmals eine multiple Resistenz gegen antiretrovirale Medikamente entwickeln. Mit der Einführung der HAART lässt sich ein grundlegender Wandel beschreiben, der HIV von einer akuten Krankheit, deren positive Diagnose einem Todesurteil glich, in eine chronische Erkrankung überführte − zumindest in den reichen Industriestaaten des Westens. In den meisten Teilen Afrikas ist AIDS weiterhin eine akute, lebensgefährliche Epidemie. Aufgrund von vorwiegend ökonomischen sowie infrastrukturellen Gründen lässt sich HIV lediglich in der westlichen Hemisphäre „managen" (Smith/Siplon 2006). Der Anthropologe Jean Scandlyn hat bemerkt, dass die Diskurse über „akute" und „chronische" Krankheiten ein je anderes Vokabular verwenden: akute Krankheiten werden *bekämpft*, Viren *attackieren* den Körper, es werden medizinische *Waffen* in Form von Medikamenten eingesetzt, um Erreger zu zerstören oder die körpereigenen Kräfte zu stärken. Es handelt sich, so Scandlyn, um ein Vokabular des Krieges, wohingegen sich der Diskurs über chronische Krankheiten seine Begriffe aus Management und Betriebswirtschaft borgt: Therapien werden gestaltet und Therapieziele „designed", Krisen vorgebeugt und organisiert, Symptome und Krankheitsverläufe „gemanaged" (Scandlyn 2000).[41]

---

41 Diesem Exkurs kann hier leider nicht weiter nachgegangen werden. Doch sei festgehalten, dass die Unterscheidung zwischen chronischen und akuten klinischen Zuständen einen gewaltigen Einfluss auch auf die soziale Mikrophysik der Macht bei klinischen Studien darstellt. Beispielsweise stellt informed consent, wie Oonagh Corrigan betont, für einen chronischen Pa-

Doch bis HIV im Westen schließlich zu einer chronischen Krankheit geworden ist, dauerte es an die fünfzehn Jahre, die von einem unglaublich stark organisierten sowie politisch äußerst einflussreichen Patientenaktivismus begleitet wurden, auf den es nun näher einzugehen gilt.

AIDS-Aktivismus: von Laien/Opfern zu Experten/Aktivisten

Die Rolle und der Einfluss des AIDS-Aktivismus wurde von zahlreichen Autoren mit unterschiedlichen Schwerpunktsetzungen studiert. Für unseren Zweck stellt die umfassende Studie des Soziologen Steven Epstein, *Impure Science*, eine zentrale Referenz dar (Epstein 1996). Epstein analysiert auf eine empirisch sehr detailreiche Weise die Formation und Transformation des medizinisch-wissenschaftlichen Feldes im Zuge der AIDS-Bewegung. Dabei geht er in unorthodoxer Weise von einem Verständnis des Zusammenspiels von Macht und Wissen im Sinne Michel Foucaults aus, und versucht auch die Macht in Foucaults Begriffen zu denken: als ein Verhältnis im Sozialen, als ein Spiel mannigfaltiger Regeln und Züge, welches Identitäten (in unserem Fall: Patienten, Ärzte, etc.) produziert und transformiert, und das wesentlich mit der Produktion von Wahrheit beschäftigt ist (hier im Sinne einer medizinischen Wahrheit über AIDS und die angemessene Art der Behandlung) (Foucault 1983, 1977, 2005, Epstein 1996: 4f). Demnach ist die Frage nach den wissenschaftlichen Standards bei klinischen Studien, oder die Legitimität der ärztlichen Expertise bei Epstein zutiefst vor dem Hintergrund politischer Kämpfe zu verstehen. Epstein, der im Bereich der „Science Studies" promoviert hat, bezieht sich zudem wesentlich auf die Behauptung Bruno Latours, dass Politik nicht nur die Wissenschaft regiert, sondern dass durch Wissenschaft selbst regiert wird und dass die impliziten Praxen der Wahrheits- und Entscheidungsfindung in der Wissenschaft selbst nicht rein paradigmatischen wissenschaftlichen Regeln folgen, wie es z.B. kritische Rationalisten gerne behaupten. Mit Latour gesprochen, sei „Wissenschaft Politik mit anderen Mitteln" (vgl. Epstein 1996: 14).
Nun wollen wir einige Punkte am Fallbeispiel HIV/AIDS näher beleuchten.

---

tienten wesentlich mehr Befähigung zu einer „autonomen", freien Entscheidung dar, als für jemanden, der ein akutes Trauma erlitten hat, und dem schnell geholfen werden muss (vgl. Corrigan 2003: 784).

Wenn aus Opfern Experten werden

Zu Beginn der Krise in den USA war das Thema AIDS vorwiegend an den Diskurs der Homosexualität gebunden. Die „Schwulenpest", wie es häufig genannt wurde, traf damit jedoch eine soziale Gruppe, die durch langjähriges politisches Engagement und Widerstand gegen Homophobie und für soziale Rechte und Gleichstellung in aktivistischen Kämpfen und Organisation geübt war. Eine der ersten organisierten Formen von freiwilliger organisierter Hilfe für Opfer und Betroffene war die Gay Men's Health Crisis, welche ein paar Wochen später zusätzlich zu einem einflussreichen politisch-aktivistischen Organ wurde. Wie Raymond Smith und Patricia Siplon betonen:

> The group developed quickly by drawing upon already existing friendships, neighborhood, professional, and other networks that predated the epidemic. Ironically, the same dense web of connection among urban gay men had been facilitating the spread of the virus [...] also proved to be an effective network for mobilizing a response to the new epidemic. (Smith/Siplon 2006: 15)

Das Faktum, dass AIDS im Unterschied zu vielen anderen Krankheiten anfangs vor allem eine soziokulturelle Gruppe traf, die noch dazu als marginalisierte bzw. unterdrückte Minderheit schon einen „Feind" – den konservativen Staat mit seinem spezifischen Sexualdispositiv – kannte, erleichterte die Konstruktion einer kollektiven Identität. Wenn diese Art der Identitätskonstruktion aus Sicht Lacan'scher Psychoanalyse betrachtet wird, sieht man, dass genau dieser externe Feind – *le grand autre* – quasi die interne, imaginäre Kohärenz der Gruppe sichert (vgl. Zizek 1991, Laclau/Mouffe 1985). Im Falle von AIDS konnten schnell die Grenzen zwischen einzelnen sozialen Gruppen, die sonst wenig miteinander gemeinsam haben – Schwule, Afroamerikaner und Hispanics, intravenöse Drogennutzer, Prostituierte. etc. – aufgelassen werden, um in einen gemeinsamen hegemonialen Kampf gegen das Establishment (den Staat, die konservative medizinische Profession, etc.) einzutreten.

Eine weitere bemerkenswerte Tatsache an der Pathologie von AIDS ist, dass zwischen einer HIV-Infektion bzw. einem positiven HIV-Antikörpertest (welcher ab 1985 erhältlich war) den meist jungen infizierten Personen mehrere Jahre blieben, bis AIDS bzw. assoziierte Symptome auftraten – eine Zeit, in der politisches Engagement nicht nur einen direkten persönlichen therapeutischen Nutzen versprach, sondern zu dem auch eine soziale und moralische Motivation hinzukam (vgl. Epstein 1995).

Vorrangigste Aufgabe der AIDS-Aktivisten war es, die Entwicklung von Medikamenten zu beschleunigen und ihre Bereitstellung für alle Patienten (und zu vertretbaren Preisen) zu fordern. Es sollte aber bis Mitte der Achtzigerjahre dauern, bis AIDS in der Öffentlichkeit diskutiert und als Gefahr erkannt wurde, die sich über die Grenze der Tugendlosen (Schwule, Drogensüchtige, „Unzüchtige") nun auf die gesamte Gesellschaft auszudehnen begann.[42] Zwei Slogans kennzeichneten die Forderung nach schnelleren klinischen Studien, einer Reform der schwerfälligen Zulassungsprozeduren der FDA, sowie der Einstellung obligatorischer HIV-Tests: „Drugs into Bodies" sowie „Test Drugs, not People" (vgl. Smith/Siplon 2006).

Als sich die aktivistischen Netzwerke verstärkten, und sich in den Augen der Aktivisten abzeichnete, dass sowohl die Regierung als auch die medizinische Fachschaft nicht in dem Eifer und im Sinne der Betroffenen zu arbeiten schienen, unterlief die Bewegung einen strategischen Wandel. Steven Epstein hat vier wesentliche Strategien herausgestrichen: die Aneignung sozialer Kompetenz (oder „sozialen Kapitals"); die Schaffung politischer Repräsentation; die Verbindung epistemologischer und moralischer Forderungen; sowie – im Kontext von Disputen über die „beste Therapie" oder das „effektivste Studienprotokoll" – die Parteinahme in vorgefundenen methodologischen Auseinandersetzungen.
All dies zeigt, dass sich der AIDS-Aktivismus, im Gegensatz zu einem klassischen Verständnis sozialer Bewegungen, welche von außen Druck auf den Staat ausüben (wie beispielsweise bei klassischen Arbeiterbewegungen), im Inneren des klinisch-medizinischen Feldes zu etablieren versuchte.
Als erster wichtiger Schritt gegen einen Paternalismus seitens des medizinisch-politischen Establishments war die Zurückweisung des Opferstatus. Im Rückblick gesehen setzte die AIDS-Bewegung auf *self-empowerment* und basisdemokratische Organisation. In einer Deklaration der so genannten Denver Prinzipien (des AIDS self-empowerment) heißt es:

> We condemn attempts to label us as ‚victim', which implies defeat, and we are only occasionally ‚patients', which implies passivity, and dependence upon the care of others. We are ‚people with AIDS'. (zitiert in Smith/Siplon 2006: 17)

---

42 Für eine Analyse, wie AIDS von einem religiös-konservativen Diskurs als „Strafe Gottes für die Unzüchtigen" instrumentalisiert wurde, siehe z.B. Gill (2006). Für eine Analyse der AIDS-Politik als einer wissenschaftlich fundierten sexistischen Körperpolitik siehe Waldby (1996).

Im Licht der Theorie zur Bio-Macht lässt sich hier gut erkennen, dass es hierbei um die aktive Konstruktion einer sozialen Gruppe auf Basis somatischer bzw. medizinischer Kriterien geht, was Paul Rabinow als „biosoziale Gruppe" bezeichnet hat. In ihren Ansprüchen auf Rechte als Gruppe – nämlich als *People with AIDS*– fordern sie gewissermaßen eine Art von biosozialen Bürgerrechten, was an die Frauenrechtsbewegungen oder die afroamerikanische Bürgerrechtsbewegung erinnern lässt. Nicolas Rose und Carlos Novas haben dieses Phänomen biopolitischer (Rechts-)Subjektivität, welche heute im Zeitalter der Humangenomforschung noch wesentlich an Bedeutung zugenommen hat, als „biologische Staatsbürgerschaft" bezeichnet (Rose/Novas 2005).

Weiters mussten sich zahlreiche Aktivisten im Schnellverfahren die Grundlagen der Immunologie, Virologie und Epidemiologie aneignen, um überhaupt im exklusiven medizinischen Diskurs als Akteure wahrgenommen zu werden, die im Sinne Foucaults von einem legitimen Ort aus sprechen können. Epstein zitiert einen Bericht der Aktivistin Brenda Lein, als diese versuchte, Kontakt mit dem mehrheitlich von Ärzten besetzten Komitee für Treatment Issues aufzunehmen. Das Zitat verdeutlicht das generelle Problem auf exemplarische Weise:

> *And so I walked in the door and it was completely overwhelming, I mean acronyms flying, I didn't know what they were talking about [...] [A physician] came in an he handed me a stack about a foot high (about granulocyte macrophage colony stimulating factor) an said, „here, read this." [...] I have to say I didn't understand a word.*

But, after reading it about ten times, Lein concluded:

> *Oh, this is like a sub-culture thing, you know, it's either surfing of it's medicine, and you just have to understand the lingo, but it's not that complicated if you sit through it. So once I started understanding the language, it all became far less intimidating.*
> (zitiert in Epstein 1995: 419)

In etwa diesem Sinne eignete sich eine Vielzahl von Aktivisten im Laufe der Jahre ein solches medizinisches Fachwissen an. Diese Strategie hatte einen erheblichen Einfluss auf die wissenschaftliche und politische Landschaft. Zum einen begannen Wissenschafter und Ärzte vormalige Laien als Quasi-Experten ernst zu nehmen, was das traditionelle (liberale) Verständnis von Expertentum erschütterte. Sobald nämlich Aktivisten geschafft hatten, ihre Glaubhaftigkeit und fachliche Expertise unter Beweis zu stellen, schafften sie es, in wichtige institutionelle Positionen gewählt zu werden, wie z.B. in Beratungsgremien der National Institutes of Health und der FDA, in Ethikkommissionen von lokalen Krankenhäusern oder Forschungseinrichtungen, oder sogar in Gremien und Arbeitsgruppen pharmazeutischer Unternehmen. Dadurch kam ihnen ein bedeutender Einfluss auf die Planung und Finanzierung biomedizinischer Forschung, der Etablierung sowie der Reform von klinischen Standards, sowie der politischen Repräsentation von AIDS-Kranken allgemein zu (vgl. Epstein 1995, 1996, Smith/Siplon 2006).

Als ein interessanter Punkt sei hier noch erwähnt: In dem Maße, in dem sich ein Teil von Aktivisten in Experten „verwandelte", wurde auch Kritik innerhalb eigener Reihen laut. Einige Aktivisten „an der Basis" konstatierten, dass ihre ehemaligen Mitstreiter von der verführerischen Kraft biomedizinischen Fachwissens korrumpiert wurden und nun nicht mehr so sehr die Interessen des „wahren" AIDS-Klientel, sondern vielmehr jene der medizinischen Wissenschaft vertraten (vgl. Epstein 1996).

Im Licht dieser Assimilation eines Teils der AIDS-Aktivisten in den medizinischen Diskurs ist es interessant zu bemerken, dass z.B. die Treatment Action Group for AIDS Research im fundamentalen Gegensatz zur Mehrheit anderer AIDS-Patientenorganisationen ein rigides Studienprotokoll mit strengen Teilnahmekriterien befürwortet (vgl. Society for Clinical Trials 2006).

Wenn wir uns erinnern, dass es bei, wie Arthur Daemmrich es nennt, „Pharmacopolitics" mitunter um den Kampf zwischen zahlreichen Akteuren (und zwar von „Makroakteuren": Ärzteschaft, Pharmaindustrie, staatliche Gesundheitsbehörde, Patientenorganisationen) geht, wer letztlich *die* Patienten am besten vertreten könne (vgl. Daemmrich 2004), so zeigt Epstein ein noch differenzierteres Szenario dieses mikrophysikalischen Machtkampfes: Es geht darum, welche Gruppe von Patienten legitim andere bzw. alle Patienten repräsentieren kann, etwa die „politischen Aktivisten-Patienten", die „Experten-Patienten" oder lediglich Patienten, welche sich ohne großes politisches Engagement eventuell in kleinen Selbsthilfegruppen zusammenfinden. In gewisser Weise geht es um die Machtkämpfe, in denen die Grenzen zwischen Makroakteuren und Mikroakteuren neu gezogen werden (vgl. Callon/Latour 1981).

Wir können also sehen, dass das Besondere des AIDS-Aktivismus darin bestand, nicht nur von außen Druck auf die Politik und medizinische Wissenschaft auszuüben, sondern selbst eine Expertenposition innerhalb des Diskurses zu erlangen. Um es mit den Begriffen Antonio Gramscis auf den Punkt zu bringen: Es ging ihnen sowohl um die Assimilierung traditioneller Intellektueller (also darum, z.B. die Ärzteschaft auf „ihre Seite" zu bringen) als auch um die Produktion eigener „organischer" Intellektueller – für Gramsci, den Hegemonietheoretiker schlechthin, stellt dieses doppelte Unterfangen eine essentielle Voraussetzung für ein erfolgreiches (gegen-)hegemoniales Projekt dar (vgl. Gramsci 1996).

Ein Paradigmenstreit: die Forderung nach pragmatischen Studiendesigns

Aus einem Blickwinkel der Wissenschaftssoziologie stellt ein Aspekt des AIDS-Aktivismus einen weiteren spannenden Punkt dar: die Anfechtung wissenschaftlicher Standards und Leitparadigmen.
In der klinischen Wissenschaft hat sich nach dem zweiten Weltkrieg in den USA ein Paradigma herausgebildet, das doppelblinde, placebokontrollierte klinische Studien quasi zum wissenschaftlichen Goldstandard erhob (Löwy 2000, Wahlberg/McGoey 2007, Abraham 2007). Diese Entwicklung erlaubte der Medizin, sich in ihrer eigenen Wissenschaftlichkeit zu bestätigen, indem sie eine eigene, spezifische „Labormethode" etablierte. Somit konnte sich die medizinische Wissenschaft als mehr als auf den Säulen der biologischen Wissenschaften ruhend begreifen (Epstein 1996, vgl. Jensen 2007).
Doppelblinde, placebokontrollierte klinische Studien erwecken insofern den Anspruch größter Wissenschaftlichkeit, da sie gewissermaßen die Neutralität des Forschers sowie seines „Forschungsobjektes" (der Versuchspersonen) garantieren. Der Einsatz eines Placebos dient dem experimentellen Design der Studie insofern, dass der (potentielle) Effekt (die Varianz zwischen den beiden Gruppen) statistisch besonders „rein" und aussagekräftig gemessen werden kann. Statistische Aussagekraft („Macht" in der Sprache der Statistik) wurde zum wissenschaftlichen Qualitätskriterium der evidenzbasierten Medizin (EBM).

Infolge der AIDS-Krise und des damit einhergehenden Bedarfs nach wirkungsvollen Medikamenten, welche in möglichst kurzer Zeit verfügbar sein sollten, gerieten die vorherrschenden Verfahrensweisen klinischer Studien sowie die Prüfungs- und Zulassungsverfahren der FDA ins Kreuzfeuer der Kritik.
Patienten und AIDS-Aktivisten bemängelten, dass das orthodoxe Verständnis von Design und Durchführung klinischer Prüfungen für experimentelle Medikamente den klinisch-therapeutischen Erfordernissen im Wege stehe. Hierbei wird ein Spannungsverhältnis thematisiert, welches

eins der grundlegenden Probleme klinisch-medizinischer Forschung darstellt: die irreduzible Spannung zwischen dem therapeutischen und dem wissenschaftlichen Anspruch klinischer Studien. In der Praxis versuchen Studien meist, beiden Ansprüchen zu genügen, doch haben viele Autoren zu Recht darauf hingewiesen, dass sich beide Ziele gegenseitig blockieren bzw. sogar ausschließen. Ein streng wissenschaftliches medizinisches Experiment im Sinne der EBM verlangt möglichst sterile Experimentalgruppen und eine möglichst standardisierte Vorgehensweise. Aus diesem Grund finden sich rigide Anforderungskriterien für Versuchspersonen, welche gewisse (einer normierten Schwankungsbreite entsprechende) Eigenschaften besitzen sollten. Solche Kriterien wären z.b. das Alter, Geschlecht, Rasse, aber auch Blut- und Leberwerte (bei HIV-Patienten eine gewisse Anzahl von T-Zellen pro Mikroliter Blut), keine Vorbehandlungen und heutzutage – in Zeiten der pharmakogenetischen Arzneimittelforschung – gewisse genetische Merkmale (wie z.B. ein spezielles Basenpaar).

Eine streng wissenschaftliche Studie kann keine Hinwendung zu individuellen Bedürfnissen oder Erfordernissen bei einem Patienten erlauben – was in krassem Widerspruch zum therapeutischen Verständnis klinischer Forschung steht. In diesem bindet im Normalfall der behandelnde Arzt seinen Patienten in einen klinischen Versuch ein, um die Effektivität der neuen Therapie zu erforschen. Andererseits lässt sich auch sagen, die Studie sei die Weiterführung der Behandlung mit anderen Mitteln. In diesem Fall ist der Arzt bereit, gegebenenfalls das Studienprotokoll im Verlauf der Studie leicht abzuändern, um den besten Therapieerfolg für den Patienten zu ermöglichen. (Hierbei kann es sich um eine leichte Modifikation der Dosierung oder der Darreichungsform handeln, genauso wie um die zusätzliche Verabreichung anderer Präparate gegen etwaige Nebenwirkungen.) Solche individuellen Modifikationen sind für eine strenge experimentelle Studie selbstverständlich untragbar – sie führen zu statistischen Verzerrungen und Messfehlern und vermindern die Aussagekraft der Studie.

Hier wurden zwei Extremfälle beschrieben, welche in dieser Form in der klinischen Realität – zumindest bei schwerwiegenden Krankheiten – nicht häufig vorzukommen scheinen. Doch in diesem Spannungsfeld zwischen therapeutischen Erfordernissen und wissenschaftlichen Ansprüchen muss sich die vorliegende Problematik verstanden wissen.

Vom Standpunkt der AIDS-Aktivisten stellten die damaligen Verfahrensweisen klinischer Forschung, welche stark in Richtung wissenschaftlicher Ansprüche tendierten, ein seriöses und lebensbedrohliches Faktum dar.

Das, was an der Harvard Medical School als gute wissenschaftliche Praxis galt, bedeutete für sie eine Bedrohung für die Suche nach schnellen und effektiven Heilmitteln.
Zu einer Zeit, in der noch keine wirksamen Medikamente entwickelt worden sind, stellte die Teilnahme an einer klinischen Studie für HIV bzw. AIDS-Patienten ein Gut dar, das weit über die ursprüngliche Vorstellung eines Dienstes an der Gesellschaft hinausging. Teilnahme bedeutete die Chance auf Heilung, und somit veränderte sich die soziale Bedeutung, welche klinische Forschung in der Gesellschaft spielte. Patientenorganisationen begannen, Informationen über abgeschlossene Studien an die breite AIDS-community zu kommunizieren und sie über laufende Studien und ihren potentiellen Nutzen zu informieren. Somit entstand in gewisser Weise ein Hype, und täglich telefonierten unzählige Menschen mit ihren Ärzten, Kliniken oder Pharmaunternehmen, um sich in laufende Studien rekrutieren zu lassen (vgl. Epstein 1995).[43]
Weiters fochten Aktivisten gängige Aufnahmekriterien für klinische Studien an, die beispielsweise Patienten, welche schon vorbehandelt waren, ausschloss. Dies hatte zur Folge, dass manche Patienten lange eine medikamentöse Behandlung verweigerten, um sich die potentielle Chance zu bewahren, in eine aussichtsreiche Studie aufgenommen zu werden, falls in naher Zukunft ein viel versprechender Wirkstoff in die klinische Entwicklung gehen sollte (Epstein 1995). Diese Regel der *pure (research) subjects* bezeichneten Aktivisten als unmoralisch und als eine der Behandlungsstrategie – welche sie als die primäre Aufgabe klinischer Studien diskursivierten – nicht entsprechende, orthodoxe Regel einer Elfenbeinturmwissenschaft (vgl. ebd.). Zudem hatte es einen unangenehmen Effekt für manche Studien selbst: Bei unattraktiven Studien – z.B. solchen, die auf potentielle Nebenwirkungen der antiretroviralen Therapie zielten, aber nicht zur Behandlung von HIV/AIDS selbst beitrugen – fanden sich oftmals kaum freiwillige Versuchspersonen, weil diese eben ihre „Reinheit" erhalten wollten.
Zudem wurde eine gleiche Chance für alle sozialen Gruppen, in eine Studie aufgenommen zu werden, gefordert: Da Teilnahme eben als „soziales Gut" betrachtet wurde, wurden methodologische Kritiken mit moralisch-

---

[43] Diese Praxis beschränkte sich fortan nicht mehr lediglich auf AIDS-Studien. Als 1985 das NIH den Start einer kleinen Krebsstudie mit einem neuen Wirkstoff, interleukin-2, bekannt gab, riefen innerhalb von zwei Tagen über 2000 Personen bei der Behörde an, um sich über die Teilnahmebedingungen zu informieren (vgl. Epstein 1996).

politischen (und hierbei demokratietheoretischen) Ansprüchen verknüpft und gefordert, dass die Grundgesamtheit in einer Studie stärker repräsentativ für alle betroffenen sozialen Gruppen sein müsse – hauptsächlich waren nämlich vor allem weiße männliche Versuchspersonen aus der Mittelschicht in diversen Studien vertreten.[44] Mit dem Grundsatz, dass Teilnahme ein demokratisches Gut und keine Bürde darstellt, verwandelte sich das Bild des passiven Forschungsobjekts in ein Subjekt, dass in der Lage ist, selbst den potentiellen Nutzen und assoziierte Risiken abzuwägen, und somit mutierte der Patient zu einem vollwertigen Partner in klinischen Studien. Diese Form von Subjektivität scheint in der heutigen diskursiven Formation der Gesundheitspolitik zu Beginn des 21. Jahrhunderts eine entscheidende biopolitische Kategorie darzustellen (vgl. Rose/Novas 2004, Gottweis *et al.* 2004, Nettleton 2006).

Was zudem bei der AIDS-Bewegung auf dem Spiel stand, war das Vorrecht der Interpretation klinischer Studien, wobei die Frage nach der Interpretation an Fragen der Glaubwürdigkeit und Autorität der Akteure geknüpft ist, und überdies noch die Frage nach dem Nutzen einer klinischen Studie an sich stellt. Soll eine Studie dazu dienen, abstrakte wissenschaftliche Fragen zu beantworten, oder vielmehr dazu zu versuchen, nützliche Information für den klinischen Alltag bereitzustellen und Arzt und Patient bei der Entscheidung in schwierigen therapeutischen Fragen zu helfen?
Als ein Erfolg der „Aktivisten-Experten" lässt sich nennen, das alleinige Vorrecht des Arztes bei der Interpretation klinischer Daten „demokratisiert" zu haben (vgl. Epstein 1996).
An einer anderen Stelle wurde bereits festgehalten, dass mit dem Aufkommen von spezialisierten Auftragsforschungsinstituten und der zunehmenden Privatisierung klinischer Forschung diese „Interpretationsmacht" nun verstärkt von den Kliniken auf die pharmazeutischen Konzerne selbst übergeht (vgl. Relman/Angell 2002). Ob und wie sich dadurch das Machtgefüge transformiert, wäre eine interessante Frage, welche jedoch weitreichender Feldforschung bedürfte.

---

44   Dieses Faktum trifft nicht nur für AIDS-Studien, sondern für die meisten klinischen Medikamentenstudien zu. Das Thema der klinischen Studien stellt auch für die sozialwissenschaftliche Geschlechterforschung ein interessantes Feld dar (siehe z.B. Holdcroft 2007, Epstein 2004).

Placebokontrollierte klinische Studien: der „Goldstandard", interne Kritik und widerständische Praktiken

Kontrollierte (klinische) Studien gehören, wie wir gesehen haben, zu den quasi epistemologischen Grundpfeilern evidenzbasierter Medizin. Vertreter dieses wissenschaftlichen Paradigmas behaupten, dass eine statistische Kontrolle am besten durch einen placebokontrollierten Arm garantiert werden könne:

> Such trials are presumed capable of establishing the risks and benefits of new drugs or of weeding out ineffective or dangerous drugs that doctors have prescribed on the basis of anecdotal evidence. (Epstein 1996: 196)

Als AZT (Zidovuidin) in die zweite Phase klinischer Entwicklung ging, und sich abzeichnete schien, dass das Medikament sowohl relativ ungefährlich ist, als auch deutliche therapeutische Erfolge zu verzeichnen schien, wurden doppelblinde, placebokontrollierte Studien zum Ziel heftigster Anfechtung. Kritiker meinten, dass es von einem medizinethischen Standpunkt aus unmoralisch sei, Patienten Placebos zu verabreichen, wenn der therapeutische Erfolg eines Präparats quasi schon bestätigt sei.

> In blunt terms, in order to be successful the study required that a sufficient number of patients die: only by pointing to deaths in the placebo group could researchers establish that those receiving the active treatment did comparatively better. Furthermore, to avoid introducing confounding variables into the study, the protocol forbade participants to receive other medication during the study. (Epstein 1996: 202)

Heute finden sich Placebo-Kontrollgruppen vorwiegend bei Studien zu harmlosen bzw. nicht lebensgefährlichen Zuständen oder Krankheiten, wie bei Kopfschmerzen oder Schlaflosigkeit, oder bei seltenen Krankheiten, bei denen es noch keine angemessene Standardtherapie gibt (vgl. Rosenau 2007).[45]

Doch im Laufe der AIDS-Krise, als Placebostudien noch den Goldstandard medizinischer Forschung darstellten, entwarfen die verzweifelten Patienten diverse widerständische Praktiken, um der Möglichkeit zu entgehen, über Wochen hinweg ausschließlich wirkungslose Zuckertabletten zu erhalten.

---

45 Die Zahl dieser Studien ist aber nicht zu vernachlässigen, und gerade im Bereich der Onkologie oder bei neurodegenerativen Krankheiten hofft man auf neue, wirkungsvolle Medikamente.

Einerseits gab es Gruppen von Patienten, welche alle in einer AZT-Studie teilnahmen, die begannen, ihre Tabletten zusammenzulegen, um sie danach erneut zu verteilen. So war die Wahrscheinlichkeit, dass jeder einmal ein Placebo, aber am nächsten Tag dafür das wirkungsvolle Präparat bekam, gleich verteilt.

Andere Patienten begannen die Kapseln aufzubrechen, und lernten den bitteren Geschmack von AZT von den süßen Zuckerplacebos zu unterscheiden. Als die Prüfärzte von dieser Praxis erfuhren, reagierte Burroughs Wellcome, der Hersteller von AZT, indem die zuständigen Chemiker angewiesen wurden, Placebos zu fabrizieren, die genauso bitter wie AZT sind. Daraufhin begannen Patienten in Miami und San Francisco damit, ihre Tabletten bei Chemikern testen zu lassen.

Wiederum andere organisierten inoffizielle „Untergrundstudien". Wie das Times-Magazine berichtet, fand beispielsweise in San Francisco ein inoffizielles Experiment mit einem Wirkstoff, genannt „Compound Q" statt, in dem 51 Patienten und sechs Ärzte teilnahmen. Grund des Unterfangens war laut Project Inform, einer aktivistischen Basisgruppe, die langsame und übervorsichtige Vorgehensweise offizieller Studien, welche denselben Wirkstoff (mit offiziellem Namen GLQ233) in Kliniken testeten. Doch die informelle Studie von Project Inform überging Phase 1 (Abschätzung von Toxizität und Dosierung), um direkt den therapeutischen Nutzen zu testen – mit der 17-fachen Dosis der offiziellen Phase-1-Studie. Als Begründung dieses aus Sicht vieler Kliniker fahrlässigen Unterfangens wurde angegeben, dass den Versuchspersonen nur die Wahl zwischen dem Versuch und dem baldigen Tod blieb (vgl. *TIMES* 1989).

Meines Erachtens können diese angeführten empirischen Beispiele dazu dienen, die opake und vielfach kritisierte Konzeption von Widerstand bei Foucault zu erläutern. Widerstand, so Foucault, ist nicht außerhalb eines Machtverhältnisses zu analysieren, sondern als eine jeder Machtbeziehung zu einem gewissen Grade innewohnende Dimension. „Wo Macht ist, da ist auch Widerstand" will heißen, dass eine jede soziale Praxis und jeder Diskurs ein Verhältnis herstellen (in unserem Fall ein spezielles Verfahren bei klinischen Studien), dem man sich auch widersetzen kann - allerdings produziert das Machtverhältnis ebenso den spezifischen Raum möglichen Widerstandes. Wenn Foucault meint, dass Macht notwendigerweise über *freie* Subjekte ausgeübt wird, dann aus dem Grund, weil Macht und Widerstand zwei Seiten eines jeden strukturierenden Verhältnisses darstellen (vgl. Foucault 2005). Erst wenn jede Möglichkeit zum Widerstand getilgt ist, jede Freiheit veräußert, tritt ein absolutes Herrschaftsverhältnis auf – dieses lässt sich aber eher als eine theoretische Abstraktion, denn als möglicher realer gesellschaftlicher Zustand verstehen.[46] Vor diesem Hintergrund lässt sich auch ein interessanter Aspekt widerständischer Praktiken und ihrer Effekte erkennen: Ironischerweise führte die Vielzahl derartiger Manipulationsversuche (wie dem „poolen" von Placebos) dazu, dass die (offizielle) klinische Studie gewisser Medikamente sich drastisch verzögerte, da dadurch Messfehler entstanden und sich somit die statistische Aussagekraft der Studie verringerte, und weil Zulassungsbehörden verlangten, gewisse Studien zu wiederholen oder mit einer größeren Testpopulation durchzuführen.

Es lässt sich zusammenfassen, dass es in diesem hegemonialen Kampf um die Frage ging, inwiefern reine, „saubere" Wissenschaft zu sozial erwünschten Ergebnissen kommen kann. Letztlich hat die AIDS-Bewegung einen erheblichen Einfluss auf die staatliche Politik und Wissenschaft ausüben können, welchem mitunter zahlreiche Reformen von Verfahrensweisen klinischer Studien innerhalb der FDA nachfolgten. Dadurch lässt sich zeigen, dass wissenschaftliches Wissen nicht ausschließlich, wie oft behauptet wird, lediglich in Laboren durch langwieriges und rigoroses Testen von Hypothesen produziert wird, sondern ein soziales Produkt ist, auf das zahlreichen Akteure Einfluss haben und das im Spiel unterschiedlicher diskursiver Strategien erzeugt wird.[47]
Die Transformation der Beziehung zwischen Arzt und Patient, das heißt die Verwischung der Grenzen zwischen traditionellen Formen und Vorstellungen von Laientum und Expertise stellen ein wesentliches Merkmal der gegenwärtigen politisch-diskursiven Formation dar.

---

46 Hierbei findet sich auch bei allen konzeptionellen Unterschieden des Machtbegriffes die Nähe zu Hannah Arendt, welche *totale* Herrschaft in der Tilgung des Freiraumes zwischen Individuen und innerhalb der Gesellschaft verortet.

47 Wider radikalen Konstruktivisten haben beispielsweise Bruno Latour und Vertreter der Actor-Network-Theory darauf hingewiesen, dass der Umkehrschluss, nämlich dass wissenschaftliche Erkenntnis durchwegs konstruiert ist, ebenso irreführend ist. Vielmehr handelt es sich um die Ko-Produktion von Natur und Gesellschaft (vgl. Latour 2007, 2008; Jasanoff 2005)

4.2 Ein Recht auf experimentelle Medikamente?

Wie das Beispiel HIV/AIDS uns gezeigt hat, lässt sich medizinische Forschung nicht als in ein quasi abgeschlossenes, wissenschaftliches Subsystem verbannt verstehen, aus dem, nach streng inner-wissenschaftlichen Überlegungen und Abläufen, von Zeit zu Zeit Wissen oder der Medizin dienliche Methoden und Erkenntnisse in die Gesellschaft dringen. Vielmehr muss klinisch-medizinische Forschung selbst als ein Feld analysiert werden, in welchem unterschiedliche gesellschaftliche Forderungen artikuliert werden und das somit hochgradig von diskursiven Kämpfen um ihre Bedeutung, ihren Nutzen und ihre gute anerkannte (das heißt wissenschaftliche) Praxis durchzogen ist.

Nun wollen wir uns einem weiteren Fallbeispiel, diesmal aus dem Bereich der Onkologie, widmen, das noch jüngeren Datums als das AIDS-Beispiel ist und die Problematik weiter zuspitzt: der tragische Fall einer Krebspatientin, welcher als Speerspitze eines brisanten *Verfassungs*rechtsstreits in den USA diente, in dem das Recht auf Zugang zu experimentellen Medikamenten bzw. Therapien für sterbende Patienten gefordert und neu artikuliert wurde.

Der Fall der Kianna Karnes

Kianna Karnes war 41 Jahre alt, als bei ihr Nierenkrebs diagnostiziert wurde. Obwohl der Tumor chirurgisch entfernt wurde, hatten sich innerhalb des nächsten Jahres Metastasen im ganzen Körper gebildet. Die Standardtherapie bei Karnes Indikation stellte interleukin-2 dar, welche jedoch eine relativ niedrige Erfolgsquote zeitigt: Nur in 15 Prozent der Fälle lässt der Wirkstoff die Tumoren schrumpfen. Darüber hinaus verursacht interleukin-2 starke Nebenwirkungen, wie beispielsweise hohes Fieber oder Wasseransammlung in der Lunge. Kianna gehörte leider zum Großteil der Patienten, die auf interleukin-2 nicht ansprechen. Verzweifelt suchte sie mit ihrer Familie alternative bzw. experimentelle Therapieformen. John Rowe, Kiannas Vater, hatte selbst Leukämie überlebt, da er als Versuchsperson in einer Studie zum später lizenzierten Medikament Gleevec eingebunden war. Vor dem Hintergrund dieser Erfahrung versuchte Rowe, auch für seine Tochter Zugang zu einer experimentellen Behandlung zu bekommen. Über einen befreundeten Kongressabgeordneten erfuhr Rowe von einer Patientenorganisation, der *Abigail Alliance for Better Access to Developmental Drugs,* welche sich dafür einsetzt, neue experimentelle Medikamente für schwer kranke Patienten leichter und in größerem Umfang zur Verfügung zu stellen. Im Jahre 2004 erfuhr Rowe über die Abigail Alliance, dass zwei Pharmaunternehmen (Bayer und Pfizer) in dieser Zeit Medikamente gegen Nierenkrebs in klinischen Studien testeten und versuchte daraufhin, seiner Tochter einen Platz in einer Studie zu organisieren. Doch Kianna erfüllte die strengen Auswahlkriterien nicht. Tragischerweise wurden in der Zeit, in der sich Kianna für einen Studienplatz bewarb, Metastasen im Gehirn entfernt – und ein operativer Eingriff im Gehirn disqualifiziert fast immer von einer Teilnahme.

Erst als der Journalist Robert Pollock, welcher auch im bekannten Fall von Terri Schiavo publizistisch intervenierte, im März 2005 einen großen Bericht im *Wall Street Journal* mit der Forderung nach Zugang zum Prüfpräparat für Kianna veröffentlichte, schienen sich die Konzerne zu erweichen, und sowohl Pfizer als auch Bayer kontaktierten umgehend die behandelnden Ärzte von Kianna Karnes, um zu arrangieren, dass diese in ein so genanntes Expanded Access-Programm eingebunden werden sollte, um das Medikament außerhalb einer Studie zu erhalten. Zwei Tage später starb Kianna Karnes an den Folgen ihrer Krankheit.

2006 wurden die Medikamente beider Hersteller Sunitinib (Pfizer) sowie Nexavar (Bayer) von der FDA als neue, wirkungsvolle Therapien zugelassen (Foodconsumer.org 2006). Für Kianna etwas zu spät.

Einerseits kann die Geschichte der vierfachen Mutter und Krankenschwester aus Indiana als tragisches sowie mitleiderregendes persönliches Schicksal einer Krebspatientin gelesen werden, das in seiner Besonderheit das Leid vieler anderen todkranken Personen darstellt.

Was aber für die politikwissenschaftliche Analyse der Biopolitik klinischer Studien von Interesse ist: Dieser Fall hat Anlass zu heftigen Kontroversen und zu politischem Aktivismus geführt, welcher erneut das eingespielte System von Regeln und Verfahrensweisen der FDA mit dem Ziel es zu verändern in Frage stellt – ähnlich den Bestrebungen des AIDS-Aktivismus. Eine folgende Rekonstruktion der rechtlich-politischen Kontroversen kann durchaus auch Licht auf die biopolitischen Dimensionen von klinischen Studien werfen.

Ein Recht auf Selbstverteidigung? Der ACCESS Act und seine Kritiker

Der Fall der Kianna Karnes lässt sich als ein zentrales Element im Diskurs der Abigail Alliance verstehen. Kiannas Schicksal steht einerseits für das individuelle Schicksal von tausenden schwerkranken Patienten in den USA und Europa, welche trotz eines relativ gut entwickelten medizinischen Versorgungs- und Behandlungssystems auf letale Weise die Grenzen eben dieses Systems erfahren müssen. Aus diesem Grund konnte Kiannas Beispiel quasi als Speerspitze einer politisch-aktivistischen Strategie dienen, weil sie die allgemeine Kritik an behördlicher Praxis mit einem besonderen, emotional aufgeladenen Fall verbindet. Unter anderen Umständen hätte eine derart „spezialisierte" Kontroverse wie um die gute/beste Praxis klinischer Studien und Bereitstellung von experimentellen Medikamenten womöglich nicht viel Interesse oder verständnisvollen Widerhall in der Bevölkerung gefunden.

Die Abigail Alliance unter der Ägide ihres Begründers Frank Burrough, dem Vater der Teenagerin Abigail, der ein ähnliches Schicksal widerfahren ist wie Kianna, initiierte mit Hilfe eines befreundeten Kongressabgeordneten Dan Burton einen Gesetzesvorschlag, der die bisherige Praxis der FDA-Zulassungsregeln mit dem Zweck ihrer Liberalisierung grundlegend reformieren sollte. Wesentliche Kritikpunkte am Status quo werden wie folgt im Access, Compassion, Care, Ethics for Seriously Ill Patients Act (oder kurz: ACCESS Act) festgehalten:

Congress finds...

(1) The necessity of placebo controlled studies has been questioned on both scientific and ethical grounds for seriously ill patients.

(2) The current standards of the Food and Drug Administration for approval of drugs, biological products, and devices deny the benefits of medical progress to seriously ill patients who face morbidity or death from their disease.

(3) Promising therapies intended to treat serious or life threatening conditions or diseases and which address unmet medical needs have received unjustified delays and denials of approval.

(4) Seriously ill patients have a right to access available investigational drugs, biological products, and devices.

(5) The current Food and Drug Administration and National Cancer Institute case-by-case exception for compassionate access must be required to

permit all seriously ill patients access to available experimental therapies as a treatment option.

(6) The current emphasis on statistical analysis of clinical information needs to be balanced by a greater reliance on clinical evaluation of this information.

(7) Food and Drug Administration advisory committees should have greater representation of medical clinicians who represent the interests of seriously ill patients in early access to promising investigational therapies.

(8) The use of available investigational products for treatment is the responsibility of the physician and the patient.

(9) The use of combinations of available investigational and approved products for treatment is the responsibility of the physician and the patient.

(10) The development and approval of drugs, biological products, and devices intended to address serious or life-threatening conditions or diseases is often delayed by the inability of sponsors to obtain prompt meetings with the Food and Drug Administration and to obtain prompt resolution of scientific and regulatory issues related to the investigation and review of new technologies

(ACCESS Act 2005, Sec. 2 ‚Findings')

Im Wesentlichen kann nach der Lektüre dieser zehn Hauptkritikpunkte festgehalten werden, dass das Gesetz darauf abzielt, die Autonomie des Patienten gegenüber paternalistischen Behörden zu stärken. In ähnlicher Weise wie Kritiker es innerhalb der AIDS-Bewegung versucht haben, wird hier ebenso moralische Kritik in enger Symbiose mit einer wissenschaftlichen vorgebracht: Placebokontrollierte Studien seien moralisch verwerflich, als auch von einem wissenschaftlichen Standpunkt aus nicht mehr notwendig, da neue statistische Verfahren ohne sie auskommen würden.
Zudem versucht der Gesetzesentwurf, die Beziehung zwischen Arzt und Patient im Hinblick auf die medizinische Entscheidungsfindung zu stärken. Hierbei scheint es der Anspruch zu sein, die an vielen Orten als asymmetrisch wie bevormundend bezeichnete Arzt/Patienten-Beziehung zu erneuern: Zwar trifft der Arzt letztlich die Entscheidung, aber nur im Einklang mit seinem Patienten, mit welchem er quasi eine partnerschaftlich strukturierte Entscheidungsfindung praktiziert und dessen Interessen er repräsentiert.

Die Argumente des ACCESS Act scheinen auf den ersten Blick einleuchtend und überzeugend, und aufgrund des sensiblen Themas – des verzweifelten Überlebenskampfs von schwer kranken Patienten – kaum als eine abzulehnende Forderung. Allerdings hat die Initiative eine Zahl von Kritikern (vornehmlich aus den Reihen klinischer Forscher und der FDA) auf den Plan gerufen, welche das Gesetz unbedingt abzuwenden versuchen. Im Folgenden soll gezeigt werden, dass dieser Machtkampf nicht nur von objektiven wissenschaftlichen Erwägungen, sondern ebenso von sozialen und ökonomischen Kalkülen bestimmt war. Interessant hierbei ist auch, dass es sich erneut um einen diskursiven Kampf handelt, in welchem verschiedene Akteure um die Position ringen, am legitimsten sowie glaubwürdigsten für die Patienten sprechen zu können.

Ebenso interessant an der Geschichte des ACCESS Act ist, dass er seinen Weg bis zum Supreme Court gemacht hat und dass auf diesem Weg das Urteil mehrfach revidiert und abgeändert wurde. Erstmal wurde der Entwurf im November 2005 dem Senat vorgelegt, und im darauf folgenden Mai kam es zu einem Prozess des US-Appellationsgerichtes von Washington D.C., in dem das Gericht entschied, dass todkranke Patienten ein Recht auf Zugang zu noch nicht zugelassenen, eventuell toxischen experimentellen Arzneimittel hätten, wenn diese möglicherweise der tödlichen Krankheit Einhalt gebieten.[48] Die Argumentation der Verfassungsjuristen stützte sich auf den fünften Verfassungszusatz (5th Amendment), in dem konstatiert wird, dass keiner Person ihr Leben, ihre Freiheit oder ihr Besitz ohne ein ordentliches Gerichtsverfahren aberkannt werden darf (vgl. Annas 2007). Im Wortlaut des Urteils bedeutet das:

> [this due process clause] protects the right of terminally ill patients to make an informed decision that may prolong life, specifically by use of potentially life-saving new drugs that the FDA has yet to approve for commercial marketing but that the FDA has determined, after Phase I clinical human trials, are safe enough for further testing on a substantial number of human beings. (ebd.: 409)

Dieses vom Gericht bejahte Recht sei tief verwurzelt im Recht auf Selbstverteidigung und es wurde argumentiert, dass ein Gesetz, dass einem dem Tod geweihten Patienten den Gebrauch von möglicherweise lebensrettenden Medikamenten verbiete, dieses verfassungsmäßige Recht verletzte (ebd.) Infolge des Urteils hat die FDA begonnen, ihre eigenen

---

48 Bei diesem Prozess handelte es sich um *Abigail Alliance v. von Eschenbach*.

regulatorischen Vorschriften zu verändern, damit sterbende Patienten, welche nicht in klinische Studien eingebunden sind, einfacheren Zugang zu experimentellen Medikamenten bekamen (FDA 2006). Doch war der Rechtsstreit damit erst zu einem vorläufigen Ende gekommen. Als weitere Reaktionen verfassten beispielsweise die American Society for Clinical Oncology sowie der geschlossene Vorstand der Society of Clinical Trials je einen *amicus curiae* Brief, in dem sie das gefällte Urteil als in seinen weiteren Auswirkungen für das Wohl der Patienten abträglich kritisieren (ASCO 2007, Society of Clinial Trials 2006).

Ein halbes Jahr darauf nahm das Berufungsgericht von Washington den Fall erneut auf und annullierte das Urteil, wobei diesmal alle Richter den Fall *en banc* verhandelten, was darauf hinweist, dass das Gericht die Entscheidung als kompliziert erachtete und dem Urteil ein stärkeres Gewicht verleihen wollte. Die Unterstützer der Abigail Alliance erklärten umgehend ihren Unmut über die Revision und zeigten sich erstaunt und entrüstet, dass die Mehrheit der Richter tragischerweise die Brisanz des Falles unterschätzt hätte (vgl. Pollack 2007). Frank Burrough erklärte, dass er erneut Einspruch erheben und diesmal den Supreme Court selbst anrufen werde.

Am 14. Januar 2008 endete vorerst die Geschichte mit einer Niederlage für Burrough und die Abigail Alliance, als der höchste Gerichtshof entschied, der Petition um Wiederaufnahme des Rechtsstreites auf höherer Ebene – und eben durch die höchste verfassungsrechtliche Instanz – nicht beizukommen (vgl. Gambrill 2008).[49] Als Schlusssatz der Geschichte sei vermerkt, dass todkranke Patienten kein Recht auf Zugang zu experimentellen Medikamenten besäßen – und es bleibt bei dem, was schon AIDS-Patienten zwanzig Jahre zuvor zu etablieren geschafft haben: Der Zugang zu solchen Medikamenten bleibt ein „soziales Gut", dass aus Mitgefühl und im Einzelfall gewährt wird. (Hier kann man die englische Fachbezeichnung dieses Verfahrens, *compassionate use*, wörtlich nehmen.) Politisch-theoretisch lässt sich hier die Frage stellen, inwiefern ein solcher Gnadenakt als moderne, biopolitische Form souveräner Macht verstanden werden kann: Souverän ist, wie wir zuvor bemerkt haben, nach Carl Schmitt derjenige, der über die Ausnahme entscheiden kann,

---

49 Hierbei sei bemerkt, dass der US Supreme Court jährlich mehrere tausend derartiger Anfragen bekommt und nur einen marginalen Teil davon akzeptiert. Die Entscheidung, welche Fälle aber wieder aufgenommern werden, ist eine hochgradig politische, in der das Höchstgericht normativ sozialen Fragen beizukommen versucht. (vgl. O'Brien 2005).

das heißt, wer entscheidet, wann die Norm nicht zur Anwendung kommt. Wem obliegt letztlich diese Entscheidung über die Verfügung über, und Intervention in den individuellen Körper?

Grabenkämpfe entlang eines „Rechts auf Selbstexperimentation"

Im Folgenden sollen die politischen und wissenschaftlichen Auseinandersetzungen rund um den zuvor geschilderten Rechtsstreit diskutiert werden, und gezeigt werden, wie wissenschaftliche Überzeugungen, moralisch-ethische Überlegungen und politisch-wirtschaftliche Anforderungen zusammen im Prozess der Regulierung klinischer Studien wirken. Dieses Beispiel soll auf ähnliche Weise wie das Beispiel HIV/AIDS zeigen, dass die Regulierung und Steuerung von einem Politikfeld nicht mehr in der Hand eines Akteurs ist, sondern heutzutage eine Vielzahl von unterschiedlichen Akteuren und Diskursen am Regierungsprozess teilnimmt und dass dabei auch ethische und wissenschaftliche, ökonomische und soziale Fragen und Diskurse in einem Wechselspiel indeterminierter Hierarchien aufeinander prallen und sich gegenseitig konstituieren.[50]

Eingangs sei angemerkt, dass der Ausgangspunkt der Kritik an der FDA (oder anderen Zulassungsbehörden wie der EMEA) und ihren Regulierungen erneut ein ungewöhnlicher ist: Gewöhnlich wird in der Öffentlichkeit diskutiert, dass die Bestimmungen der Behörde zu lax bzw. zu industriefreundlich gestaltet sind, sodass der Staat es nicht schafft, seine Bevölkerung vor gesundheitsschädlichen oder (teuren) wirkungslosen Präparaten zu schützen. Normalerweise fordern diese Kritiker, welche oft aus den Reihen ökologisch-humanistischer Bewegungen oder kapitalismus- und globalisierungskritischer Vereine stammen, strengere Gesetze und genauere Zulassungsprüfungen. In diesem Fall ist es jedoch genau umgekehrt: Die FDA sei zu langsam und träge bei der Zulassung von dringend benötigten Medikamenten (Pollack 2007). Interessanterweise scheinen hier Interessen der pharmazeutischen Industrie mit jenen be-

---

[50] Ein solcher Begriff von Regierung setzt scheinbar implizit ein Verständnis von Macht im Sinne Foucaults voraus: Macht konzipiert als eine "Vielfältigkeit von Kraftverhältnissen" und das "Spiel, das in unaufhörlichen Kämpfen und Auseinandersetzungen diese Kraftverhältnisse verwandelt, verstärkt, verkehrt" (Foucault 1983: 93).

troffener Patienten zu konvergieren, was jedoch, wie sich zeigen wird, nicht ganz der Fall ist.

Da es in diesen Kontroversen bzw. politischen Kämpfen stets um die Fähigkeit eines Akteurs geht, die Patienten scheinbar am besten repräsentieren zu können, möchte ich besonders die Unterschiede zwischen den Zugangs-Aktivisten und den Evidenz-Aktivisten beleuchten. Diese Begriffe borge ich frei von Musa Mayer, welche eine *access advocacy* von einer *evidence-based patient advocacy* unterschied (Mayer 2005).[51]

Kritik der Urteilskraft? Statistische Evidenz als notwendige Voraussetzung für eine autonome Entscheidung

Seit den massiven Kritiken zur Zeit der AIDS-Krise standen rigide statistische Testverfahren und placebokontrollierte Studiendesigns – und damit das Herzstück der evidenzbasierten Medizin – auf der Agenda aktivistischer und deregulatorischer Bewegungen. Hier gilt es, verschiedene Stränge der Kritik zu isolieren, und zwar jene, die sich gegen den Primat der evidenzbasierten Medizin selbst richten und jene, welche lediglich die statistische Methode in Frage stellen, die in der klinischen Forschung zumeist zum Einsatz kommt.

Befürworter der ersten Riege von Kritikern meinen, dass in Fällen schwerer, akut lebensbedrohlicher Krankheiten das Festhalten an der Allgemeingültigkeit des statistischen Beweises weder von wissenschaftlicher Seite noch aus moralischen Überlegungen heraus gerechtfertigt sei (vgl. *Wall Street Journal* 2005a). Zahlreiche Krankengeschichten würden belegen, dass der Zugang zu experimentellen Medikamenten einer Vielzahl von Patienten das Leben gerettet habe, welche das Glück hatten, durch klinische Studien oder Expanded Access-Programme an diese Therapien zu gelangen. Das im ACCESS Act dargelegte Kriterium, dass ein Präparat zumindest durch Phase 1 der klinischen Prüfungen gegangen sein muss, sowie die Forderung, dass ein Arzt im besten Interesse des Patienten gemeinsam mit diesem einen „Therapiemix" aus zugelassenen wie experimentellen Arzneimittel verhandeln solle, spricht für die Überzeugung,

---

51 Diese begriffliche Unterscheidung ist unscharf, da sie glauben macht, es ginge diesen um die statistische Evidenz der Wirksamkeit, jenen um bloßen Zugang zu experimentellen Wirkstoffen. De facto geht es jedoch bei beiden um die spezifische Bedeutung von Evidenz und von Experimentalität, und um das ethische Verhältnis beider Begriffe zueinander.

dass statistisch nicht evidente Beweise (wie z.B. aus Einzelberichten) nicht diskriminiert werden sollten:

> The Secretary shall give equal weight to clinical judgment and statistical analysis in the evaluation of the safety and effectiveness of drugs, biological products, and devices, and shall not disapprove a product application solely on the basis of a statistical analysis or the rigid use of the 95 percent confidence level convention. (ACCESS Act 2005: 22)

Leider kann hier bemerkt werden, dass es neben zahlreichen Erfolgsgeschichten solcher experimenteller Behandlungen eine mindestens ebenso lange Liste von Negativbeispielen existiert, in denen neue Therapien entweder keine Wirkung gezeigt haben oder aber in manchen Fällen sogar tödliche Nebenwirkungen gezeitigt haben (vgl. Mayer 2005, Society of Cinical Trials 2006).

Im Licht der pharmazeutisch-industriellen Produktionsrealität lässt sich zeigen, dass die Argumente der Evidenz-Verfechter durchaus eine Berechtigung haben, da nur ein Bruchteil der Wirkstoffe, die Phase 1 passieren, schließlich zugelassen werden. Natürlich handelt es sich hierbei um eine Statistik *aller* Prüfpräparate und die Argumentation von Seiten der Zulassungsbehörden, dass die Prüfkriterien so streng sind, da man verhindern wolle, dass der Markt von mittelmäßigen (z.B. Kopfweh-)Tabletten überschwemmt werde, sind hier durchaus stichhaltig. Anders sei dies bei Krankheiten, die einerseits lebensgefährlich sind, und für die es derzeit keine angemessenen Therapiemöglichkeiten gibt (vgl. Capell/Carey 2005).

Das wesentlichste Argument der Zulassungs-Verfechter ist, dass es in Situationen unheilbarer Krankheit nicht primär um die Einhaltung wissenschaftlicher Standards gehen kann, sondern dass die Möglichkeit der Heilung des todkranken Patienten ganz oben auf der Agenda stehen müsse. Als zentrales normatives Argument bringen diese Akteure die Autonomie des Individuums und behaupten, dass das staatliche Verbot eine Beschneidung der persönlichen Freiheitsrechte darstelle. Es sei demnach im Sinne der Menschenrechte und des Liberalismus, einen geistig zurechnungsfähigen Erwachsenen seine eigenen Entscheidungen treffen zu lassen, vor allem wenn es sich hierbei um den Schutz seines Lebens und seine körperliche Integrität gehe, und die Entscheidung im Sinne der Prinzipien des *informed consent* nach einer entsprechenden Aufklärung über Alternativen, mögliche Vorteile und potentielle (gefährliche) Risiken erfolgt (Annas 2007).

Diese Position ist aus einer politisch-theoretischen Perspektive interessant: Es geht darum, dass das Subjekt zu einer rationalen Entscheidung fähig sein muss – deswegen muss vorerst Aufklärung stattfinden und es muss überhaupt in Verfassung sein, als rationales aufgeklärtes Subjekt auftreten zu können. Genau dieses Argument nutzen aber ebenso die Gegner dieser Position, indem sie behaupten, dass ohne eine statistisch erbrachte Evidenz von Toxizität, Wirksamkeit und von möglichen Nebenwirkungen eine solche für die autonome Entscheidung konstitutive Aufklärung gar nicht stattfinden kann (Annas 2007). Psychologische Erwägungen bestätigen, dass unheilbar kranke Patienten in ihrer Verzweiflung normalerweise eher dazu tendieren, jede mögliche Therapie auszuprobieren, bevor sie sich quasi dem Tod überantworten. Das sei nachvollziehbar und verständlich, und es würde zudem scheinbar keine besonderen praktischen Probleme nach sich ziehen. Doch wenn man die Forderungen der Abigail Alliance betrachtet, geht es um die Schaffung eines neuen Zulassungssystems:

> A bill to amend the Federal Food, Drug, and Cosmetic Act to create a new three-tiered approval system for drugs, biological products, and devices that is responsive to the needs of seriously ill patients, and for other purposes (ACCESS Act 2005: 1).

Demnach sollten viel versprechende Medikamente für schwere Krankheiten schon nach der ersten Phase klinischer Studien „zum Vertrieb" zugelassen werden. Diese Forderung stellt kaum eine Ergänzung bisheriger Regelungen dar, sondern greift von Grund auf in das Zulassungssystem ein. Seit 1993 gibt es die Möglichkeit, mit einem „beschleunigten Verfahren" gewisse Medikamente für lebensbedrohliche Krankheiten früher auf den Markt zu bringen, doch zählte dies als ein Ausnahmeverfahren. Die im ACCESS Act vorgeschlagene Reform würde diese Ausnahme zur Regel machen, was weit reichende Folgen für die Gesundheitspolitik zeitigen würde. Kritiker meinen, dass ein solches Gesetz sowohl nachteilige Effekte auf den medizinischen Fortschritt und somit auf die gesamte Gesellschaft hätte, als auch dem individuellen Wohl des einzelnen Patienten abträglich wäre (Society of Clinical Trials 2006, Mayer 2005, Groopman 2006).

Da wie wir gehört haben, klinische Studien für die Sponsoren ein äußerst risikoreiches, zeitintensives und kostspieliges Unterfangen darstellen (und ganz besonders Phase 3, in der Tausende Versuchspersonen eingebunden werden), würde ein solches Gesetz deutlich die Anreize verringern, ein Produkt durch die gesamte klinische Entwicklung zu bringen. Somit, so das Argument, würde niemals der statistische Beweis erbracht werden können, ob das Medikament überhaupt wirkungsvoll oder besser als ein anderes wäre. Für den einzelnen Patienten würde das bedeuten, dass der Markt von einer Vielzahl scheinbar ähnlicher Präparate überschwemmt würde, und weder Patient noch Arzt je eruieren könnten, welches Produkt wirkungsvoll ist und welches nicht. Weiters würden dadurch auch eine Menge von äußerst schädlichen Medikamenten zugelassen werden. Phase-3-Studien sind deswegen unabdingbar, weil es in ihnen möglich ist, Daten (z.B. toxische Häufungswerte) über einen längeren Zeitraum hinweg zu erforschen (Society of Clinical Trials 2006).

Als ein wesentlicher Punkt sei angemerkt, dass bei herkömmlichen Expanded Access-Programmen der Sponsor den Patienten das Präparat kostenlos zur Verfügung stellen muss. Zwar ist das ein teures Unterfangen, jedoch bringt es dem Unternehmen oft Boni für die Zulassung selbst, da die gesammelten Daten zwar nicht für die dritte Prüfungsphase verwendet werden können, aber als (quasi vorzeitige) Anwendungsbeobachtung (Phase 4) zählen können. Allerdings kann ein breit organisiertes Expanded Access-Programm auch die klinische Entwicklung gefährden, wenn z.B. Komplikationen oder schwere unerwünschte Nebenwirkungen auftreten, welche eventuell gar nicht direkt mit dem Präparat zu tun haben.[52] In einem solchen Fall ist es wahrscheinlich, dass die gesamte klinische Entwicklung abgebrochen werden muss. Sollte der ACCESS Act tatsächlich Gesetz werden, würde die Bestimmung der Verpflichtung zur kostenlosen Bereitstellung fallen und in ihr Gegenteil verkehrt werden: Nun könnte der Konzern das Produkt offiziell vermarkten. Eine derartige Überschwemmung des Marktes mit großteils unzulänglichen bis gefährlichen Präparaten würde, so die Gegner einer weit reichenden Deregulierung, der Pharmaindustrie erlauben, mit der „leeren Hoffnung" von verzweifelten Patienten Profit zu schlagen (Pollack 2007).

Zurück zur Placebo-Kontroverse

Ein weiterer Punkt, der von der Abigail Alliance dezidiert zurückgewiesen wird, ist die angebliche Notwendigkeit von Placebokontrollgruppen bei

---

52   Im Fall von Kianna Karnes war z.B. ihre vorangegangene Operation am Gehirn ein Exklusionsgrund, da solche Patienten zu Anfällen neigen und es schwierig ist festzustellen, ob das Symptom vom Prüfpräparat hervorgerufen wurde oder nicht (vgl. Groopman 2006).

klinischen Studien. Wir haben gesehen, auf welche Weise diese wissenschaftliche Praxis im Zuge der AIDS-Bewegung kritisiert, und wie Widerstand geübt wurde. Damals galten Placebos vorwiegend als moralisch bedenklich und bei therapeutischen Studien von unheilbar Kranken als schlichtweg verwerflich, sobald andere (wenn auch wesentlich weniger aussichtsreiche) Behandlungsoptionen zur Verfügung standen. Jedoch wurde der wissenschaftliche Nutzen von Placebostudien nicht fundamental in Frage gestellt – die Kritik bediente sich lediglich folgender Argumentation: Für eine ethisch wie medizinisch angemessene Behandlung würden aus pragmatisch-therapeutischen Gründen die Nachteile von Placebos im Vergleich zu Studien, in denen das Standardpräparat gegen den innovativen Wirkstoff getestet wird, überwiegen, und deswegen sei von ihnen abzusehen.

Im Falle der Abigail Alliance aber werde das Dogma der unumgänglichen Notwendigkeit von Placebotests für eine gute wissenschaftliche Praxis und den Fortschritt der Medizin an sich in Frage gestellt (*Wall Street Journal* 2005b). Ein Gesetz wie der ACCESS Act würde, so seine Verfechter, die wissenschaftliche Praxis innerhalb der FDA dazu drängen, wissenschaftliche Neuerungen des 21. Jahrhunderts anzunehmen. Kliniker und Wissenschaftler behaupten oft, dass verlässliche statistische Analysen nur mit Placebostudien möglich sind, da diese möglichst genaue Messparameter gewährleisten. Kritiker an diesem Standpunkt bezweifeln dies und streichen hervor, dass die FDA in vielen anderen klinischen Prüfungen schon auf Placebos verzichtet und dies der medizinischen Forschung keinen Abbruch tut: Beispielsweise finden sich keine „Placebo-Defibrillatoren" in klinischen Studien (*Wall Street Journal* 2005b).

Auf der anderen Seite findet sich der Einwurf, dass durch neue statistische Verfahren möglich geworden sei, einer großen Zahl von unterschiedlichen Parametern und Variablen in komplexen statistischen Berechnungen gewachsen zu sein. Von der FDA werde gefordert, ihre wissenschaftlichen Paradigmen so zu gestalten, dass sie mit den komplexen sozialen Anforderungen reagieren und nicht umgekehrt die soziale Situation in ein wissenschaftliches Paradigma pressen, das zu allem Überfluss überholt zu sein scheint.

In dieser Art der Auseinandersetzung zeigt sich wiederum eine ähnliche Strategie wie bei den „Laien-Experten" der AIDS-Bewegung: sie vereinen moralische und epistemologische Kritiken und fordern eine Praxis auf ihrem eigenen Terrain heraus. In diesem Kampf um Glaubwürdigkeit (Epstein 1996) scheinen die Grenzen zwischen wissenschaftlichen Kontrover-

sen und sozialpolitischen Auseinandersetzungen zu verschwimmen und sich gegenseitig zu bedingen.
Hier könnte man mit Thomas Kuhns Begriff vom wissenschaftlichen Paradigmenstreit versuchen, Licht auf die Praxis klinischer Forschung zu werfen. Kuhns These ist, dass eine wissenschaftliche Gemeinschaft stets an ihren Grundaxiomen festhält und diese verteidigt, auch wenn das Paradigma selbst schon in größeren Zweifel gezogen wurde (vgl. Kuhn 1976).[53]

Die Unbestimmbarkeit des lebendigen Toten

Aus scheinbar rein juristischer Sicht wurde ebenfalls Kritik am ACCESS Act geübt. Bemängelt wurde, dass die Forderung nach einem Recht auf experimentelle Medikamente für schwer kranke Patienten zu juristisch-begrifflichen Unklarheiten führt, die eine stringente Anwendung eines solchen Gesetzes schlichtweg verunmöglichen. Wer zählt demnach als „Terminalpatient" bzw. als schwer oder unheilbar krank? Wann ist diese Grenze im Verlauf einer Krankheit überschritten, wann ist alle Hoffnung auf Heilung verloren, sodass der Patient in den Zustand kommt, der ihn berechtigt, jedwede experimentelle Therapie zu beanspruchen? Auf den ersten Blick sprechen viele praktisch-regulatorische Gründe für diesen Einwand: Wenn diese Grenze so unklar ist, wie kann man dann verbieten, dass nicht ein jeder ein Recht beansprucht, mit unapprobierten oder illegalen Substanzen zu experimentieren? Polemisch auf den Punkt gebracht: Was passiert, wenn jemand seine „unheilbare" chronische Neurodermitis – welche für den Betroffenen den sozialen Tod bedeute – durch die Einnahme jedweder Chemikalien oder Drogen in den Griff zu bekommen sucht? Dies würde quasi das Ende von herkömmlichen Suchtmittelgesetzen oder von rezeptpflichtigen Medikamenten einläuten (vgl. Annas 2007).
Doch von einer biopolitischen Perspektive aus betrachtet, erscheint die Problematik in einem durchaus anderen Licht. Die Grenze, welche so un-

---

53 Aus einer wissenschaftssoziologischen Perspektive wäre es durchaus interessant hier anzusetzen und zu fragen, inwiefern die Kritik der Abigail Alliance am Festhalten der FDA an „überkommenen statistischen Methoden" aus einer streng innerwissenschaftlichen Perspektive heraus berechtigt ist. Handelt es sich hier tatsächlich um einen Paradigmenstreit im Kuhn'schen Sinne?

klar zu definieren ist, welche den sterbenden Patienten förmlich zum lebendigen Toten macht und ihm dadurch einen exzeptionellen Status verleiht, kann wesentlich als biopolitische Grenze betrachtet werden. Mit Giorgio Agamben lässt sich sagen, dass der Patient, der diese Grenze überschreitet, in den Raum der Ausnahme tritt, in dem sich der *homo sacer* – der lebendige Tote, der Träger des „nackten Lebens" – befindet (vgl. Agamben 2002). Dieses Leben ist herausgenommen aus der normalen rechtlich-bürgerlichen Ordnung und somit nicht mehr Teil der Gesellschaft, welchen der Staat zu schützen sucht. An diesem biopolitischen Ort ist nicht nur alles erlaubt, sondern auch alles möglich – eine Dimension des Sozialen, die Hannah Arendt als für das Imaginäre totaler Herrschaft konstitutiv analysiert hat (vgl. Arendt 2006).

Vielleicht lässt sich hier eine biopolitische Interpretationsmöglichkeit erkennen, um die Frage zu klären, warum die Gesetzesnovelle letztlich gescheitert ist. Folgt man der Theorie Agambens, dann lässt sich der Prozess dieser Grenzziehung zwischen Regel und Ausnahme, Recht und Gewalt, *bios* und *zoé* als der ursprünglichste „souveräne" politische Akt interpretieren (Agamben 2002). Es lässt sich vermuten, dass der Staat diese Form souveräner Macht nicht veräußern – sprich: individualisieren – will. Bei einem verfassungsmäßigen, individuellen Recht auf experimentelle Medikamente würde nun dieser souveräne Akt, sich quasi selbst zum *homo sacer*, zu dem Labor, in dem alles erlaubt ist, zu erklären, dem Individuum obliegen. Aus Sicht einer biopolitischen Gouvernementalität wäre dies mit einer eindeutigen Schwächung staatlicher Souveränität verbunden, welche dieser jedoch mit allen Mitteln verteidigen will.

Freilich lässt sich der Konflikt nicht lediglich auf diesen Aspekt reduzieren, denn eine solche Reform würde wahrscheinlich ernste Probleme für eine sinnvolle Politik medizinischer Versorgung bedeuten, welche stets das Wohl des Einzelnen und das der Bevölkerung auszubalancieren versucht. Selbstverständlich würde eine derartige Deregulierung umgehend neue Regulierungen erfordern, um dafür zu sorgen, dass Patienten langfristig geholfen und nicht geschadet wird (Groopman 2006). Doch nichtsdestotrotz kann diese biopolitische Interpretation der Thematik durchaus Licht auf die generelle Verfassung gesundheitspolitischer Rationalität werfen.

5

Zusammenfassung
Die Transformation biopolitischer Körper

Klinische Befunde

Theoretischer Ausgangspunkt der vorliegenden Arbeit war die konstitutive biopolitische Überlagerung des konzeptionellen Raumes der Klinik. In der Literatur stößt man oft auf eine semantische Ambivalenz, welche auf diese konstitutive Überlagerung hindeutet: *„Bevor ein neues Medikament in die Klinik geht* (das heißt: in die tägliche therapeutische Praxis), *muss es zunächst in die Klinik gehen* (das heißt: in die klinische Testphase an menschlichen Versuchspersonen)." Oder: *„Bevor ein Medikament an Menschen angewendet werden darf, muss es zunächst an Menschen getestet werden."* Wir haben die Klinik als einen Raum beschrieben, in welchem tendenziell Arzt und Versuchsleiter, Patient und Versuchsperson, Therapie und Experiment, *bios* und *zoé* zusammenfallen. Giorgio Agambens (bio-)politisches Strukturmodell sollte nicht dazu missbraucht werden, fatalistische Aussagen über die Klinik und klinische Forschung zu treffen. Vielmehr sollte den Untersuchungen ein theoretischer Rahmen gegeben werden, welcher ermöglicht, die Frage der Klinik neu zu stellen. Ein großer Anteil der Literatur über klinische Studien, auf die in der Arbeit stets verwiesen wird, neigt dazu, die medizinischen, ethischen, rechtlichen und ökonomischen Aspekte klinischer Forschung tendenziell isoliert zu behandeln oder verschiedene die Klinik betreffende Fragestellungen unterschiedlichen Disziplinen zuzuweisen (Medizin, Ethik, Soziologie, Gesundheitsökonomie, etc.). Der theoretische Rahmen der Bio-Macht hat ermöglicht, diese unterschiedlichen Aspekte als spezifische Diskurse und Praktiken innerhalb des klinischen Feldes gemeinsam zu artikulieren und ihre Interdependenzen und Machtbeziehungen zu analysieren. Im Folgenden werden die wichtigsten Ergebnisse zusammengefasst:

- *Globalisierung vs. (National-)Staat*
Auswirkungen der Globalisierung betreffen sowohl rechtliche und regulatorische, sowie sozio-ökonomische Aspekte klinischer Forschung. Zunächst zur Regulierung: Seit den späten 1980er Jahren findet im Zuge der Globalisierung eine zunehmende Harmonisierung von nationalen Standards in den klinisch-pharmazeutischen Produktionsbereichen statt (Herstellung, Präklinik, Klinik, Zulassung, Qualitätsmanagement, Schutz der Versuchspersonen, usw.). Am Anfang dieses Prozesses lässt sich als wesentliche Organisation die International Conference on Harmonization ausmachen, die auf Initiative der pharmazeutischen Industrie Akteure aus den USA, Europa und Japan zusammenbrachte. Auch die EU hat seit 2000 einige Richtlinien und Verordnungen erlassen, ohne jedoch dass die gesamte Kompetenz im Bereich klinischer Studien auf die supranationale Ebene übergegangen wäre. Nationale Ausnahmen und spezifische Regelwerke der Mitgliedstaaten bleiben zum Missfallen vieler industriellen Akteure weiterhin bestehen. Planung, Zulassung und Durchführung klinischer Forschung bleibt nach wie vor in Händen nationaler Behörden, wohingegen die Rolle der europäischen Arzneimittelagentur EMEA beim Prozess der Marktzulassung erheblich aufgewertet wurde. Auch in diesem Sinne erscheint klinische Forschung erneut in einem (regulatorischen) Zwischen-Raum zwischen internationalen/globalen und nationalen/lokalen Regelwerken, Institutionen und Praktiken.

Ein zweiter Aspekt der Globalisierung klinischer Forschung findet sich in der zunehmenden Auslagerung der pharmazeutischen Produktion in Länder des globalen Südens. China und Indien ringen in internationalen Rankings um den ersten Platz in der Standortattraktivität für die Durchführung klinischer Studien multinationaler Konzerne, und neben Südostasien finden sich osteuropäische und südamerikanische Länder weit oben auf der Präferenzliste multinationaler Pharmakonzerne. Das Versprechen dieser Länder, neben einer industriefreundlichen Regulierung und einer guten klinischen Infrastruktur vor allem große, willige und unvorbehandelte (*treatment naive*) Populationen bereitzustellen, verweist auf eine akute Dimension der gegenwärtigen globalen biopolitischen Ordnung. Mit der besagten Transnationalisierung medizinisch-klinischer Forschung stellt auch die Bioethik den Anspruch, globale wie universelle Prinzipien zu formulieren und Standards zu setzen. Deren Implementierung, so hat sich gezeigt, ist jedoch an eine Vielzahl struktureller und praktischer

Probleme gebunden, und in der Praxis existiert eine durchaus heterogene Landschaft klinisch-ethischer Standards. Die Relativität der Einhaltung und Durchsetzung forschungsethischer Standards im globalen Süden im Vergleich zum Norden verweist auf ein Problem, dass Adriana Petryna (2005) als „ethische Variabilität" bezeichnet hat. Das Phänomen, dass westliche Konzerne ihre Produkte zunehmend in (vormaligen) Entwicklungsländern testen, jene aber daraufhin vorwiegend in den USA und Europa vermarkten, verweist auf eine neue, biopolitische Form (post-)kolonialer Herrschaftsbeziehungen (Thacker 2005, vgl. Petryna 2009, 2005). Damit einher geht eine Reihe historischer sowie aktueller Patentkriege, in denen oft Regierungen und staatliche Behörden in Zeiten akuter medizinischer Krisen international geltendes Patentrecht ignorieren, um ihre Bevölkerungen mit lebensrettenden Generika versorgen zu können. Anhand dieses Spannungsverhältnisses lässt sich die Frage nach der gegenwärtigen biopolitischen Konstellation stellen, welche zunehmend den exklusiven Rahmen des Nationalstaates transzendiert, ohne ihn damit vollständig überwinden zu können. Der voreilig eingeläutete Tod des (National-)Staates in der politischen Theorie verweist demnach nicht auf ein radikales Wegfallen staatlicher Ordnungs- und Regierungsmacht in Zeiten der Globalisierung, sondern lediglich auf eine Dezentrierung als ausschließlicher gesellschaftlicher Gestaltungs- und Regelungsmonopol (Stichwort: „governance"). Eine Vielzahl politischer und regulatorischer Anstrengungen versucht, dieser biokolonialen Dynamik entgegenzuwirken und verbindliche, international geltende ethische Standards zu schaffen (Stichwort: „Good (global) governance"). In diesem Kontext lässt sich auch die Rolle der angewandten bioethischen und sozialwissenschaftlichen Begleitforschung verstehen, die vielerorts von staatlichen oder privaten Mitteln finanziert wird, deren Ziel es ist, das komplexe Feld klinischer bzw. biomedizinischer Forschung regierbar zu machen. Bioethik heute muss sich demnach als Regierungstechnologie im Sinne Foucaults verstanden wissen (Gottweis *et al.* 2004) – und das gleiche gilt sicherlich auch für Teile der sozialwissenschaftlichen ELSA-Forschung in diesem Bereich.

- Öffentlich vs. Privat?
Eine weitere, mit der Globalisierung des Feldes in Verbindung stehende Entwicklung stellt die Ökonomisierung und Privatisierung klinischer Forschung dar. Wie wir gesehen haben, haben sich die Orte, an denen klinische Forschung geplant und durchgeführt wird und innerhalb welcher Forschungsergebnisse interpretiert und disseminiert werden, in den letzten

Jahrzehnten von öffentlichen Forschungseinrichtungen und Universitätskliniken zunehmend in die Privatindustrie verlagert. Emblematisch für diese Entwicklung steht das Auftragsforschungsinstitut – Contract Research Organization – als Teil einer hoch spezialisierten Dienstleistungsbranche innerhalb der pharmazeutischen Industrie (vgl. Caulfield 2005, Mirowski/Van Horn 2005, Epstein 2008). Diese Entwicklung wird von vielen Seiten als dem öffentlichen Interesse abträglich kritisiert, da sie scheinbar mit einem Abbau gesellschaftlicher Regulierung und Kontrollmacht einhergeht, und auch Forschung und Produktentwicklung zunehmend nach Markterfordernissen – und dem Profitinteresse der Kapitalgeber und Aktionäre – gestaltet werden. Dem entgegen steht die rasante Vermehrung von Leitlinien und Gesetzen, welche versuchen, der privaten Forschung Grenzen zu setzen und sie an ethische und regulatorische Standards zu binden. Jedoch stellt sich die Frage, ob eine vorschnelle Identifikation von staatlicher Forschung mit vernünftiger Forschung im Sinne des Gemeinwohles sich nicht als fragwürdig erweist, wenn man die Sozialgeschichte der Menschenversuche in Erwägung zieht: So war es doch die fundamentale Koppelung von Staat und Forschung, die im 20. Jahrhundert zu einem besonders dunklen Kapitel der medizinischen Forschung geführt hat, und aus welchem überhaupt erst die Notwendigkeit einer institutionalisierten Bereichsethik für klinische Forschung am Menschen hervorging (Pethes *et al.* 2008, Böhme *et al.* 2008). Kritische Sozialwissenschaft hat hier zur Aufgabe, nicht voreilig den Staat gegen die Auswirkungen der Globalisierung stark zu machen, sondern eben das „Spiel der Kräfteverhältnisse", welches vor dem Hintergrund großer sozialer Transformationen in Erscheinung tritt, zu analysieren.

- *Regulierung, Deregulierung, oder Selbstregulierung?*
Im Anschluss an das Verhältnis zwischen öffentlicher und privater Forschung stellt sich hier auch die Frage nach der Rolle des Staates bzw. staatlicher Institutionen bei der Regulierung klinischer Forschung. Wie eine Analyse der politischen Kämpfe von Patientenbewegungen für ein Recht auf experimentelle Behandlungen zeigt, tritt oft die Position staatlicher Behörden, welche sich dem Schutz der Versuchspersonen und Konsumenten verpflichtet fühlen, in Widerspruch zum individuellen Recht auf Behandlung und dem Recht, in medizinischen Fragen autonom zu entscheiden. Die vorliegende Untersuchung lässt vermuten, dass sich diese Spannung nicht mit Rückgriff auf eine allgemeine Ethik, sei diese individualistisch oder kollektivistisch geprägt, aufheben lässt. Vielmehr verdeutlicht sie die kontinuierliche Ausverhandlung und die mikrophysikali-

schen Machtkämpfe auf gouvernementaler Ebene: Es geht um das Verhältnis von Staat und Ökonomie, um die Frage der Repräsentation von Bürgern und Gruppen vor dem Staat, und um die Frage der souveränen (bzw. biopolitischen) Entscheidung über die einzelnen und kollektiven Körper. Wem obliegt diese fundamentale Entscheidung, welche bei einem Terminalpatienten über Leben und Tod entscheiden kann – dem Arzt, dem Staat, oder dem Individuum selbst? In diesem Kräftemessen finden sich mitunter auch ungewöhnliche Koalitionen, wie etwa die von Patientengruppen und Pharmakonzernen. Die Pharmaindustrie, welche aus beschleunigten Zulassungsverfahren durch Deregulierung und Abbau behördlicher Kontrollen enormes Kapital schlagen kann, und chronisch bzw. unheilbar kranke Patienten, welche ungeduldig auf neue Therapien oder Heilversuche warten, verfolgen scheinbar oft ein und dasselbe Ziel: Eine zunehmende Deregulierung des biopharmazeutischen Sektors. Dieses Verhältnis ist offenbar zutiefst liberalistisch: Marktfreiheit mit wenig staatlicher Einmischung einerseits, individuelle Autonomie und Abbau paternalistischer Bevormundung andererseits.[54] Das diese Einheit von biokapitalistischen und biosozialen Forderungen sich als trügerisch erweist, lässt sich bei einer genauen Analyse der Forderungen erkennen. Wie wir bei der Diskussion des ACCESS Act gesehen haben, endete die Unterstützung der Abigail Alliance von Seiten der Pharmaindustrie an dem Punkt, an dem ein verfassungsmäßiges Recht auf neue Medikamente gefordert wurde, das pharmazeutische Konzerne verpflichtet ihre Prüfpräparate bei Bedarf zur Verfügung zu stellen – zum einen, weil es für die Industrie mit zusätzlichen Kosten verbunden wäre, zum anderen, weil eine derart unkontrollierte Anwendung außerhalb von Studien auch die Studien (und somit die Produktentwicklung) selbst aufs Spiel setzt.

- Behandlung und Forschung?
Ein besonders zentrales Problem klinischer Studien an menschlichen Versuchspersonen ist das Spannungsverhältnis zwischen Behandlung und Forschung. Demnach sei nach Ansicht vieler Akteure klinische Forschung und klinische Behandlung nicht gleichzusetzen, und dennoch ist es theoretisch und praktisch unmöglich, diese zwei Bereiche vollständig voneinander zu trennen. Daher rührt auch die topologische Verortung der

---

54 Das Verhältnis von Biopolitik und Liberalismus wurde vielfach thematisiert (Foucault 1983; Fach 2003, Rose 2001, Hardt/Negri 2000) – nicht zu vergessen, dass Foucault seine Analysen der Biopolitik an eine Genealogie des Liberalismus gekoppelt hat (vgl. Foucault 2006).

Klinik im Zwischen-Raum zwischen Labor und Gesellschaft, Experiment und Behandlung. Das Problem der Verfechter des „Behandlungsdiskurses" bei klinischer Forschung sei, so George Annas, dass sie an einer „therapeutische Illusion" leiden, die mit den („wahren") Ansprüchen und den Zielen klinischer Forschung in Konflikt stehe (vgl. Annas 2007). „Bevor ein Medikament in die Klinik geht, muss es in die Klinik gehen" – diese biopolitische Ambivalenz klinischer Forschung erscheint als unauflöslich, und jeder ideale Konvergenzpunkt zwischen Forschung und Behandlung muss als das Produkt und Ergebnis diskursiver Machtkämpfe verstanden werden. Diese Trennlinie, die zwischen Labor und Gesellschaft, zwischen *bios* und *zoé*, zwischen Studienteilnehmer und Forschungsobjekt gezogen wird, ist stets Produkt eines politischen Prozesses bzw. diskursiver Machtkämpfe. Natürlich lässt sich eine solche Grenzziehung lediglich theoretisch, und nicht empirisch feststellen. Ganz im Sinne Agambens topischem Modell, das eine Zone der Ununterscheidbarkeit zwischen *bios* und *zoé* vorsieht, entspricht auch die Klinik einem solchen Raum, der sich vielmehr dadurch auszeichnet, dass er die klare Trennung zwischen beiden verwischt. In der Klinik – und das stellt eine entscheidende Diagnose dieser Arbeit dar – ist eben nicht klar erkenntlich, ob es sich bei den darin befindenden Individuen um umsorgte Patienten oder um reine, obzwar lebendige Forschungsobjekte handelt, und ob die Praktiken, welchen sie unterworfen werden, therapeutische oder wissenschaftlich-instrumentelle Zwecke verfolgen.

- Individuelle und kollektive Körper
Die Spannung zwischen biokapitalistischen, bioethischen und biosozialen Diskursen und Praktiken klinischer Forschung ist in vielen in der vorliegenden Arbeit angesprochenen Phänomenen impliziert worden. Besonders interessant erweist sie sich allerdings in Bezug auf das Subjekt bzw. Objekt klinischer Forschung. Zunächst wäre da das Individuum, das als Versuchsperson in den exzeptionellen Raum der Klinik tritt, in dem es gleichzeitig Studienteilnehmer (Subjekt) und reiner Forschungsgegenstand (Objekt) ist. Zugleich ist aber im Zuge klinischer Forschung das Individuum nur dahingehend relevant, solange es Teil einer Stichprobe ist, bei der es sich notwendigerweise um einen kollektiver Körper (von Gewebeproben, von Labortieren, oder eben von einer bestimmten Anzahl einzelner Versuchspersonen) handelt. Wir haben bei der Analyse von Rekrutierungspraktiken festgehalten, dass es zunehmend um die Auffindung und die Verfügbarkeit *treatment naiver* Populationen geht. Nachdem wissenschaftliche Erkenntnisse und soziale Kämpfe das alte Para-

digma der Pharmaindustrie „*One size fits all*' durch ein stärker fragmentierteres und differenzierteres Paradigma pharmazeutischer Produktentwicklung (und damit verbunden: klinischer Forschung) ersetzt haben, erlangten ethnische oder genetische Gruppen eine neue biomedizinische und ökonomische Bedeutung. Das Subjekt klinischer Forschung ist demnach unklar – handelt es sich um das Individuum, die Versuchsperson, oder um die Testpopulation, welche mehr als das Aggregat der einzelnen Individuen erscheint. In diesem Sinne finden sich zwei klinische oder „experimentelle Körper" im diesem Feld der Bio-Macht: individuelle und kollektive biopolitische Körper.

Eine Analyse des Feldes klinischer Forschung am Menschen zeigt, dass in den letzten Jahrzehnten zwei Dynamiken zu beobachten sind, die anscheinend zwei Seiten ein und desselben Phänomens sind: eine zunehmende Experimentalisierung dieser beiden experimentellen Körper und zugleich eine steigende Anzahl von formellen und informellen Regelwerken, welche sie zu schützen versuchen. Dem Paradigma der evidenzbasierten Medizin mit ihrem Fetisch der statistischen Beweisführung ist wahrscheinlich mitunter das drastische Anwachsen der Zahl klinischer Studien und der damit verbundene Anstieg der darin eingebundenen Versuchspersonen zuzuschreiben. Mit dem Ziel privater sowie öffentlicher Forschung, immer bessere, wirkungsvollere und sicherere Medikamente zu entwickeln, wird eine immer größere Zahl von Versuchspersonen benötigt, um die notwendige statistische Evidenz zu gewährleisten, und um eine legitime wissenschaftliche Aussage über Sicherheit und Wirksamkeit eines neuen Wirkstoffes treffen zu können. Paradoxerweise führt eine solche Rationalität zu dem biopolitischen Dilemma, dass, um Konsumenten und „die Bevölkerung" vor nutzlosen oder gar schädlichen Medikamenten zu schützen, eine immer größere Zahl von Menschen in klinische Versuche eingebunden werden müssen, und ihre Gesundheit damit aufs Spiel gesetzt wird. Foucault hat in seiner Analyse das Phantasma des Rassismus wie folgt beschrieben: „Je mehr du sterben lässt, umso mehr wirst du eben deswegen leben" (Foucault 1999: 301, vgl. Sarasin 2003). Es ließe sich daran anlehnend mit den Worten spielen und nun bei der Analyse der biopolitischen Dimensionen klinischer Forschung behaupten, dass das der beschriebenen Entwicklung zugrunde liegende Phantasma lautete: *„Je mehr du deine Bevölkerung testest und ihre Gesundheit aufs Spiel setzt, umso gesünder und sicherer wird sie sein"* oder: *„Je mehr Versuchspersonen (deiner Bevölkerung) du testest, umso sicherer und gesünder werden die Bürger (deiner Bevölkerung) sein"*. Augenscheinlich lässt sich hier erneut der klinische Raum als Zwischen-Raum zwischen Labor (dem *zoé* der Versuchsperson) und Gesellschaft (dem *bios* des Bürgers) erkennen. In Anbetracht der Globalisierung und Auslagerung klinischer Arbeit in den globalen Süden lässt sich eine weitere Transformation der gegenwärtigen biopolitischen Konstellation im zuvor thematisierten Spannungsverhältnis zwischen nationaler und globaler Ordnungssysteme vermuten. Haben früher biopolitische Maßnahmen und Strategien vorzüglich auf die „eigene" Bevölkerung innerhalb des Nationalstaates fokussiert, so sind diese heute tendenziell deterritorialisiert. Seit 1987 erlaubt beispielweise die FDA, dass sich Zulassungsanträge neuer Medikamente auf ausschließlich im Ausland gesammelte klinische Daten stützen, was bedeutet, dass andere Bevölkerungen die Bürde der klinischen Versuche tragen mussten (Epstein 2008). Die Reformulierung des klinischen-biopolitischen Phantasmas wäre unter diesem Aspekt folgendermaßen zu versuchen: *„Je mehr du andere Bevölkerungen testest und sie aufs Spiel setzt, desto gesünder wird deine eigene sein."* Dennoch finden sich ebenso Tendenzen, welche die Radikalisierung dieser bio-kolonialen Beziehung unterlaufen, und klinische Forschung quasi zurück in den Westen treiben. Mit der zunehmenden Relevanz der Pharmakogenetik in der Arzneimittelforschung – das heißt der Berücksichtigung genetischer Variationen von Patienten in Bezug auf Wirksamkeit und Verträglichkeit eines Wirkstoffes – entsteht die medizinische, wissenschaftliche und ökonomische Notwendigkeit, dass Produkte innerhalb der Gruppe getestet werden müssen, innerhalb derer sie schließlich vermarktet werden sollen.[55]

Wir sehen nun, dass klinische Forschung zwei verschiedene biopolitische Körper als Objekt vorfindet, nämlich den individuellen Körper der einzelnen Versuchsperson einerseits und den kollektiven Körper andererseits. Beide dieser Körper treten in unterschiedlichen Kontexten und als Elemente in verschiedenen Diskursen auf, innerhalb welcher sie erneut differenziert werden müssen. Der individuelle Körper kann einmal als todkranker Patient, ein anderes Mal als freiwilliger Studienteilnehmer, als potentieller Konsument, oder aber auch als reines Forschungsobjekt (*„research subject"*) behandelt werden. Beim kollektiven Körper kann es sich je nach Kontext um Testgruppen, um krankheitsspezifische Populationen,

---

[55] Auf die damit einhergehende Neueinschreibung von „Rasse" in die medizinisch-wissenschaftliche Diskurslandschaft konnte in der vorliegenden Arbeit leider nicht eingegangen werden (vgl. Epstein 2004)

oder um die gesamte biopolitische Gesamtheit handeln. Der Status des Individuums im klinischen biopolitischen Spektrum erscheint heute als paradox. Zum einen lässt sich zeigen, dass durch Globalisierung und verstärkten Wettbewerb eine immense Nachfrage an menschlichen Körpern besteht, die sich tendenziell zu verschärfen scheint. In diesem Sinne lässt sich sagen, dass menschliche Körper nicht lediglich zu einer knappen Ressource für Forschungszwecke geworden sind, sondern eben auch zu einer Form lebendigen Kapitals – *Biokapital* (vgl. Sunder Rajan 2006) – das mobil und veränderlich ist, für das es einen Markt gibt, und das einen Wert hat und einen Mehrwert produziert (*biovalue*, vgl. Waldby 2002). Zugleich werden diese Körper von bioethischen Diskursen zu einem wertvollen sowie schützenswerten Gegenstand erhoben, und unzählige Initiativen versuchen, einer solchen Instrumentalisierung von Individuen oder Gruppen für Forschungszwecke vorzubeugen. Des weiteren haben wir gesehen, dass durch das Entstehen neuer Subjektivierungsweisen eine Form von experimentellem *bios* im Sinne einer politischen Subjektivität auftritt – Patienten, deren chronisches Leid oder deren ausweglose tödliche Krankheit sie dazu drängt, sich selbst zu experimentellen Körpern zu ernennen. Gerade im Fall von Krankheiten, für die es noch unzureichende oder gar keine Behandlungsmöglichkeiten gibt, wie beispielsweise bei AIDS oder bei Krebserkrankungen, oder aber auch bei degenerativen Krankheiten, wird oft die Forderung eines Rechts auf experimentelle Behandlungen bzw. eines Rechts auf Teilnahme an einer klinischen Studie artikuliert. Zudem findet sich auch das Phänomen des Behandlungstourismus. Beispielsweise werben zahlreiche (oftmals chinesische oder indische) Kliniken mit neuen Therapieversuchen, die jedoch in keiner Weise klinisch getestet und oder in ihrer Wirksamkeit und Verträglichkeit bestätigt worden sind. Dennoch zahlen verzweifelte Patienten exorbitante Reise- und Therapiekosten, um in solchen Kliniken z.B. Stammzellinjektionen zu bekommen, weil diese Behandlungen in ihren Heimatländern (noch) verboten sind (vgl. MacReady 2007, Wahlberg/ Streitfellner, 2010). Es lässt sich darauf verweisen, was Carlos Novas als „politische Ökonomie der Hoffnung" beschrieben hat: Die direkte Kopplung von Hoffnung (oder eher Verzweiflung) auf Heilung und die Gewinnmaximierung innerhalb einer globalen politischen Ökonomie (Novas 2004).
Beide, der individuelle und der kollektive biopolitische Körper erscheinen heute als Akteure, als aktive, biosoziale, sich selbst regierende Körper, welche ihre Rechte als biologische Staatsbürger geltend machen. Zugleich aber als Regierungsobjekte, als Bürger oder vulnerable Gruppen,

welche von staatlichen (und zunehmend nicht-staatlichen) Institutionen umsorgt werden – in der klassischen Bedeutung biopolitischer Sorge: das Schützen und Hegen einerseits, das Verfügbar machen, Verwalten, und Nutzbarmachen andererseits. Untersuchungen des gegenwärtigen Bio-Machtgefüges stellen mitunter folgende Fragen: Welche Diskurse werden heute über diese biopoltischen Körper produziert, was sind die sozialen, ökonomischen, wissenschaftlichen und politischen, etc. Bedingungen, die sie ermöglichen, und welche konkreten Praktiken (ko-)produzieren und reproduzieren sie? Unter welchen Umständen erlangen diese Körper eine politische/soziale Subjektivität, und welche Akteure werden als legitim erachtet, sie zu repräsentieren? Unter welchen Bedingungen bekommen diese Körper einen ethischen, symbolischen oder ökonomischen Wert? Wie ist das Verhältnis dieser beiden Körper zu einander strukturiert, wann und wie wird der eine gegen den anderen ausgespielt (z.B. ein Kollektiv gegen ein anderes, oder das Individuum gegen das Kollektiv).

Schlussbemerkung: Biopolitik heute und morgen?

Die vorliegende Arbeit ist ein Versuch, das komplexe Feld klinischer Forschung zu skizzieren, und im Hinblick auf seine biopolitischen Dimensionen zu befragen. Forschung an menschlichen Versuchspersonen wirft viele relevante wie schwierige (empirische sowie normative) Fragen auf. Der theoretisch am Konzept der Bio-Macht orientierte Blick hat ermöglicht, bestimmte Entwicklungen und Konfliktlinien innerhalb des Feldes aufzuzeigen und kritisch zu hinterfragen. Dennoch ist von fatalistischen Prognosen, wie in etwa, dass sich die Weltgesellschaft zunehmend in ein globales Labor verwandelt und Menschen im Sinne einer sorgenden und vorsorgenden „liberalen Biopolitik" stetig zu experimentellen Exemplaren einer künftigen Gesellschaft reduziert werden, abzusehen. Das Cover des *Time Magazine* vom 22. April 2002 mit dem Titel *„How medical testing has turned millions of us into human guinea pigs"* steht emblematisch für eine solche apokalyptische Vorstellung. Andererseits gilt es auch sich von voreiligen Beschwichtigungen und einem allzu arglosen Fortschrittsglauben – sowohl an die medizinische Forschung, als auch an die demokratischen Institutionen der Gesellschaft – zu distanzieren, und das Feld klinischer Forschung als das zu thematisieren, was es ist: als ein biopolitisches Machtfeld, in welchem nicht nur über die Zukunft medizinischer Möglichkeiten entschieden wird, sondern in welchem auch beständig politische und soziale Kämpfe ausgetragen werden. Diese betreffen mitunter das Verhältnis von Staat und Industrie, den ethischen und politischen Status des Individuums, die Rolle von (Lebens-)Wissenschaft in gesellschaftlichen Fragen und Problemlösungen, sowie Fragen der Legitimität politischer und (bio-)sozialer Repräsentation in einer sich zunehmend globalisierenden Welt. Es hat sich gezeigt, dass sich das biopolitische Feld klinischer Forschung zunehmend globalisiert, ohne dabei notwendigerweise harmonisiert zu werden. Spannungen zwischen öffentlicher und privater Beteiligung im Feld, zwischen zahlreichen Akteuren und Institutionen, sowie das seltsame Spannungsverhältnis zwischen bioethischen einerseits und biokapitalistischen Tendenzen andererseits scheinen eher zuzunehmen, als sich aufzulösen.

An klinischer Forschung ist charakteristisch, dass dabei Experimente an Menschen durchgeführt werden – und damit wohnt diesem Feld stets eine dezidiert biopolitische Dimension inne. Fragen, die Zweck, Ablauf oder Ethik klinischer Forschung adressieren, stellen zugleich die Frage nach dem Menschen im biopolitischen Kontinuum zwischen dem Individuum und dem Kollektiv. Eine Globalisierung dieses Feldes, welches lokale therapeutische, ökonomische, und regulatorische Praktiken hinter sich lässt, und bekannte klinisch-ethische Modelle obsolet macht, lässt die Entstehung einer neuen biopolitischen Ordnung vermuten. In einem solchen globalen biopolitischen Dispositiv wird die Frage nach dem Menschen im Spannungsfeld zwischen Formen wissenschaftlicher/medizinischer Objektivität und ethischer/politischer Subjektivität neu gestellt und verhandelt werden müssen.

6

Quellenverzeichnis

Literaturverzeichnis

Abraham, J. (2007): Drug Trials and Evidence Bases in International Regulatory Context. In: *BioSocieties* Vol. 2, S. 41-56.

Abraham, J. (2002): The pharmaceutical industry as a political player. In: *The Lancet* Vol. 360, S. 498-502.

Abraham, J. and Lewis, G. (2002): Citizenship, medical expertise and the capitalist regulatory state in Europe. In: *Sociology* Vol. 36 (1), S. 67–88.

Abraham, J. and Lewis, G. (1999): Harmonising and competing for medicines regulation: How healthy are the European Union's systems of drug approval? In: *Social Science & Medicine* Vol. 48 (11), S. 1655–1667.

Agamben, G. (2002): Homo Sacer. Die souveräne Macht und das nackte Leben. Frankfurt a.M.: Suhrkamp.

American Society of Clinical Oncology (ASCO) (2007): Amici Curiae in support of appellees Andrew von Eschenbach, et al. (Online unter: http://gicancers.asco.org/ASCO/Downloads/Cancer%20Policy%20and%20Clinical%20Affairs/Cancer%20Policy%20News/Cancer%20Policy%20Alerts/Abigail%20Alliance%20Amicus%20Brief--Final%20Date-Stamped%20Copy.PDF, Zugriff: 28. 6. 2008)

Angell, M. (2005): The Truth About the Drug Companies. How they deceive us and what to do about it. New York: Random House Trade Paperbacks.

Angell, M. (2004): Excess in the pharmaceutical industry. In: *Canadian Medical Association Journal* Vol. 171 (12), S. 1451-53.

Annas, GJ. (2007): Cancer and the Constitution – Choice at Life's End. In: *New England Journal of Medicine* Vol. 357 (4), S. 408-13.

Arendt, H. (2006): Elemente und Ursprünge der totalen Herrschaft. Hamburg: Piper.

Baumgartner, H. (2000): Investigator and Trial Subject. Beitrag zum 32nd International Danube Symposium for Neurological Sciences and Continuing education. Baja, Hungary. 31.8.-2.9. 2000., S. 1-6.

Böhme, G. *et al.* (Hrg) (2008): Fragwürdige Medizin. Unmoralische Forschung in Deutschland, Japan und den USA im 20. Jahrhundert. Frankfurt a. M.: Campus.

Brandon, DT. *et al.* (2005): The Legacy of Tuskegee and Trust in Medical Care: Is Tuskegee Responsible for Race Differences in Mistrust of Medical Care? In: *Journal of the National Medical Association* Vol. 97 (7), S. 951-56.

Bröckling, U. *et al.* (Hrg.) (2000): Gouvernementalität der Gegenwart. Studien zur Ökonomisierung des Sozialen. Frankfurt a. M.: Suhrkamp.

Buchstein, H. und Beier, K. (2004): Biopolitik. In: Göhler *et al.* (Hg.) (2004): Politische Theorie. 22 Umkämpfte Begriffe zur Einführung. Wiesbaden: Verlag für Sozialwissenschaften.

Callon, M. und Latour, B. (1981): Unscrewing the Big Leviathan. How actors macro-structure reality and how sociologist help them to do so. In Knorr-Cetina, K. (Hg.): Advances in Social Theory and Methodology: Toward an Integration of Micro- And Macro-Sociologies. London: Routledge & Kegan Paul PLC.

Capala-Szczurko, I. (2006): Revisiting the European Union Directive in CEE. In: *Applied Clinical Trials online.* Vol. March 1, 2006.

Capell, K. und Carey, J. (2005): A Drug Watchdog To Rival The FDA. Europe's agency will soon have new powers. Will it take the lead on safety? In: *Business Week* vom 25. 2. 2005 (Online Edition)

Carpenter, D. (2004): The political economy of FDA drug review processes. In: *Health Affairs* Vol. 23 (1), S. 52-63.

Caulfield, T. (2005): Legal and Ethical Issues Associated with Patient Recruitment in Clinical Trials: The Case of Competitive Enrollment. In: *Health Law Review* Vol. 13 (2&3), S. 58-61.

CNN (2008): Did Tuskegee damage trust on clinical trials? (Online unter: www.CNN.com/2008/HEALTH/03/17/clinical.trials.ap/, Zugriff: 10.6.2008)

Consumer Project on Technology (2008): Big Pharma's favorite academics and opinion makers. (Online unter: http://www.cptech.org/ip/health/pharmadefenders.html, Zugriff: 21. 04. 2008)

Corrigan, O. (2003): Empty ethics: the problem with informed consent. In: *Sociology of Health and Illness* Vol. 25 (3), S. 768-92.

Daemmrich, A. (2004): Pharmacopolitics. Drug Regulation in the United States and Germany. University of North Carolina Press.

Daemmrich, A. (2002): A Tale of Two Experts: Thalidomide and Political Engagement in the United States and West Germany. In: *Social History of Medicine* Vol. 15 (1), S. 137-58.

Deleuze, G. (1991): „Was ist ein Dispositiv?" In: Ewald, F. und Wadenfeld, B. (Hrg) (1991): Spiele der Wahrheit. Michel Foucaults Denken. Frankfurt a. M.: Suhrkamp.

DiMasi, J. et al. (2003): The price of innovation: new estimates of drug development costs. In: *Journal of Health Economics* Vol. 22, S. 151–185.

Dreyfus, H. und Rabinow, P. (1994): Michel Foucault. Jenseits von Strukturalismus und Hermeneutik. Weinheim: Beltz Athenäum.

EGE Webpage (2009): European Group on Ethics in Science and New Technologies (Online unter: http://ec.europa.eu/european_group_ethics/index_en.htm, Zugriff: 12. 07. 2009)

EMEA Webpage (2008): About EMEA – Structure (Online unter: http://www.emea.europa.eu/htms/aboutus/emeaoverview.htm, Zugriff 04. 06. 2008)

EMEA (2007): European Commission-European Medicines Agency Conference on the Operation of the Clinical Trials Directive (Directive

2001/20/EC) and Perspectives for the Future. (Online unter: emea.euro pa.eu/pdfs/conferenceflyers/clinicaltrials/report.pdf , Zugriff: 10. 4. 2008)

EMEA (2006): ICH Topic E 8: General Considerations for Clinical Trials (CPMP/ICH/291/95). (Online unter: www.emea.europa.eu/pdfs/human/ich/029195en.pdf, Zugriff: 12. 4. 2008)

Epstein, S. (2008): The Rise of Recruitmentology. Clinical Research, Racial Knowledge, and the Politics of Inclusion and Difference. In: *Social Studies of Science* Vol. 38 (5), S. 801-832.

Epstein, S. (2004): Bodily Differences and Collective Identities: the Politics of Gender and Race in Biomedical Research in the United States. In: *Body & Society* .Vol. 10 (2-3), S. 183-203.

Epstein, S. (1996): Impure Science. AIDS, activism and the politics of knowledge. University of California Press.

Epstein, S. (1995): The Construction of Lay Expertise: AIDS Activism and the Forging of Credibility in the Reform of Clinical Trials. In: *Science, Technology, and Human Values.* Vol. 20 (4), S. 408-37.

European Commission (2006): Draft guidance on ‚specific modalities' for non-commercial clinical trials referred to in Commission Directive 2005/28/EC laying down the principles and detailed guidelines for good clinical practice. ENTR Directorate. Pharmaceuticals and Consumer Goods. (Online unter: ec.europa.eu/enterprise/pharmaceuticals/pharmacos/docs/doc2006/07_2006/ guide_noncommercial_2006_07_27.pdf, Zugriff: 09. 05. 2008)

Fach, W. (2003): Die Regierung der Freiheit. Frankfurt a. M.: Suhrkamp.

Farmer, P. und Campos, NG. (2004): New Malaise. Bioethics and Human Rights in the Global Era. *Journal of Law, Medicine & Ethics* Vol. 32, S. 243-51.

Fischer, F. und Forester, J. (1993): „Editor's Introduction". In: *ibid.* (Hrg):The Argumentative Turn in Policy Analysis and Planning. Duke University Press.

Fisher, J. (2007): Ready to recruit or Ready to Consent Populations? Informed Consent and the Limits of Subject Autonomy. In: *Qualitative Inquiry* Vol. 13 (6), S. 875-894.

Food and Drug Administration (FDA) (2006): FDA Proposes Rules Overhaul to Expand Availability of Experimental Drugs. (Online unter: www.fda.gov/bbs/topics/news/2006/new01520.html, Zugriff: 18. 6. 2008).

Foucault, M. (2006): Die Geburt der Biopolitik. Geschichte der Gouvernementalität II. Vorlesungen am Collège de France (1978-79). Frankfurt a. M.: Suhrkamp.

Foucault, M. (2005): Analytik der Macht. Frankfurt a. M.: Suhrkamp.

Foucault, M. (2000): „Die Gouvernementalität." In: Bröckling *et al.* (Hrg) (2000): Gouvernementalität der Gegenwart. Studien zur Ökonomisierung des Sozialen. Frankfurt a. M.: Suhrkamp, S. 41- 67.

Foucault, M. (1999): In Verteidigung der Gesellschaft. Vorlesungen am Collège de France (1975-76). Frankfurt a. M.: Suhrkamp.

Foucault, M. (1981): Archäologie des Wissens. Frankfurt a. M.: Suhrkamp.

Foucault, M. (1983): Der Wille zum Wissen. Sexualität und Wahrheit 1. Frankfurt a. M.: Suhrkamp.

Frank, RG. (2003): New estimates of drug development costs. In: *Journal of Health Economics* Vol. 22, S. 325–330.

Gambrill, S. (2008): U.S. Supreme Court Will Not Hear Abigail Alliance v. Eschenbach In: *Clinical Trials Today* (Online unter: http://www.clinicaltrialstoday.com/2008/01/us-supreme-cour.html, Zugriff: 18. 6. 2008).

Gaus, W. und Chase, D. (2007): Klinische Studien: Regelwerke, Strukturen, Dokumente, Daten. DVMD: Fachverband für Berufstätige in der Medizinischen Dokumentation.

Gibbon, S. und Novas, C. (Hrg.) (2008): Biosocialities, Genetics and the Social Sciences. Making biologics and identities. London: Routledge.

Gill, P. (2006): Body Count. How they turned AIDS into a catastrophy. London: Profile Books.

Glynos, J. und Howarth, D. (2007): Logics of Critical Explanation in Social and Political Theory. London and New York: Routledge.

Goertz, HJ. (2001): Unsichere Geschichte. Zur Theorie historischer Referentialität. Reclam.

Gottweis, H. (2006): Argumentative Policy Analysis. In: John Pierre/E. Guy Peters (Hrg.): Public Policy Handbook. London: Sage.

Gottweis, H. (2003): "Theoretical Strategies of Post-Structuralist Policy Analysis: Towards an Analytics of Government". In Hajer and Wagenaar (Hrg.) (2003), Deliberative Policy Analysis. Understanding Governance in the Network Society. Cambridge University Press, S. 247-265.

Gottweis, H. *et al.* (2004): Verwaltete Körper. Strategien der Gesundheitspolitik im internationalen Vergleich. Wien/Weimar: Böhlau Verlag.

Gramsci, A. (1996): „Die Rolle von Interlektuellen." In: *Ibid.*, Gefängnishefte Band 7. Hamburg:. Argumente, S. 1497-1503;

Groopman, J. (2006): The right to a trial. Should dying patients have access to experimental drugs? In: *The New Yorker* vom 18.12.2006. (Online unter: www.thenewyorker.com/archive/2006/12/18/061218fa_fact, Zugriff:25.10.2007).

Hajer, M. (2008): Diskursanalyse in der Praxis. Koalitionen, Praktiken und Bedeutung. In: Janning, F. und Toens, K. (Hrg): Die Zukunft der Policy Forschung. Theorien, Methoden, Anwendungen. Wiesbaden: VS Verlag für Sozialwissenschaften, S. 211-222.

Hardt, M. and Negri, A. (2000): Empire. Cambridge, Mass./ London: Harvard University Press.

Hartmann, M. and Hartmann-Vareilles, F. (2006): The Clinical Trials Directive: How Is It Affecting Europe's Noncommercial Research? In: *Public Library of Science Clinical Trials* Vol. 1 (2): S. e13.

Hartmann, M (2005): Impact of the new legislative framework within the European Union on non-commercial clinical research and investigator-initiated trials: a cross-European analysis with focus on oncology. MA-Thesis. Rheinische Friedrich-Wilhelms-Universität Bonn.

Hedgecoe, A. (2004): The Politics of Personalised Medicine. Pharmacogenetics in the Clinic. Cambridge University Press.

Helft, PR. *et al.* (2004): Inside information: Financial Conflicts of Interest for Research Subjects in Early Phase Clinical Trials. In: *Journal of the National Cancer Institute* Vol. 96 (9), S. 656-61.

Holdcroft, A. (2007): Gender bias in research. How does it affect evidence based medicine? In: *Journal of the Royal Society of Medicine* Vol. 100, S. 2-3.

House of Commons Health Committee (2005): The Influence of the Pharmaceutical Industry. Forth Report of Session 2004-2005. (Online unter: www.parliament.the-stationery-office.co.uk/pa/cm200405/cmselect/cmhealth/42/42.pdf , Zugriff: 13. 4. 2008).

Howarth, D. (2000): Discourse. Buckinghamshire: Open University Press.

Howarth, D. and Torfing, J. (Hg.) (2005): Discourse Theory in European Politics. London: Palgrave.

Jachtenfuchs, M. and Kohler-Koch, B. (2004): Governance in der Europäischen Union. In: Benz, A. (Hrg.), Governance – Regieren in komplexen Regelungssystemen. Wiesbaden. VS Verlag für Sozialwissenschaften, S. 77-101.

Jasanoff, S. (2005): Designs on Nature. Science and Democracy in Europe and the United States. Princeton University Press.

Jensen, UH. (2007): The Struggle for Clinical Authority. Shifting Ontologies and the Politics of Evidence. In: *BioSocieties* Vol. 2, S. 104-114.

Kleinman, A. und Petryna, A. (2006): „The Pharmaceutical Nexus" In: Kleinman, A. *et al.* (Hrg): Global Pharmaceuticals. Ethics, Markets, Practices. Durham/London: Duke University Press.

Kuhn, TS. (1976): Die Struktur wissenschaftlicher Revolutionen. Frankfurt a. M.: Suhrkamp.

Laclau, E. and Mouffe, C. (2002): Hegemony and Socialist Strategy. Toward a Radical Democratic Politics. London: Verso.

Landzelius, K. (2006): Patients organization movements and new metamorphoses in patienthood. In: *Social Science and Medicine* Vol. 62, S. 529-537.

Latour, B. (2008): Wir sind nie modern gewesen. Versuch einer symmetrischen Anthropologie. Frankfurt a. M.: Suhrkamp.

Latour, B. (2007): Reassembling the Social. An Introduction to Actor-Network-Theory. Oxford University Press.

Lederer, S. (1995): Subjected to Science. Human Experimentation in America before the Second World War. Baltimore/London: The John Hopkins University Press.

Lemke, T. (2007): Gouvernementalität und Biopolitik. Wiesbaden: Verlag für Sozialwissenschaften.

Lemke, T. (2000): Die Regierung der Risiken – Von der Eugenik zur genetischen Gouvernementalität. In: Bröckling *et al.* (Hrg): Gouvernementalität der Gegenwart. Studien zur Ökonomisierung des Sozialen. Frankfurt a. M.: Suhrkamp.

Lemke, T. (1997): Eine Kritik der politischen Vernunft. Foucaults Analyse der modernen Gouvernementalität. Hamburg: Argument Verlag.

Liddell *et al.* (2006): The European Clinical Trials Directive revisited: The VISEAR recommendations. In: *Resuscitation* Vol. 69, S. 9-14.

Löwy, I. (2000): Trustworthy knowledge and desperate patients: clinical tests for new drugs from cancer to AIDS. In: Lock *et al.* (Hrg): Living and working with the New Medical Technologies. Cambridge University Press, S. 49-81.

MacReady, N. (2007): Developing countries court medical tourists. In: *The Lancet* Vol. 369 (9576), S. 1849-50.

Maio, G. (2001): Zur Geschichte der Contergan-Katastrophe im Lichte der Arzneimittelgesetzgebung. In: *Deutsche Medizinische Wochenschrift* Vol. 126, S. 1183–1186.

Manasco, P. und Arledge, T. (2003): „Drug Development Strategies." In: Rothstein, M. (Hrg.), S. 83-97.

Mannhalter *et al.* (2001): Leitlinien zur Gestaltung der Patienten- bzw. Probandeninformation und der Einverständniserklärung bei genetischen Studien (inklusive Pharmako-Genetik). In: *Wiener Klinische Wochenschrift* Vol. 113 (22), S. 867–869.

Mayer M. (2005): When clinical trials are compromised: A perspective from a patient advocate. *Public Library of Science Medicine* Vol. 2 (11), S. e358.

Mirowski, P. und Van Horn, R. (2005): The Contract Research Organization and the Commercialization of Scientific Research. In: *Social Studies of Science* Vol. 35 (4), S. 503-548.

Mouffe, C. (2006): Über das Politische. Wider die kosmopolitische Illusion. Frankfurt a. M.: Suhrkamp.

Mouffe, C. (1993): The return of the Political. London: Verso.

National Patient Safety Agency Webpage (2009): Notification on Amendments. National research Ethics Service. National Health Service (UK). (Online unter: http://www.nres.npsa.nhs.uk/applications/after-ethical-review/amendments/, Zugriff 03. 09. 2009)

Nettleton, S. (2000): „Governing the risky self. How to become healthy, wealthy and wise." In: Petersen und Bunton (Hrg.): Foucault, Health and Medicine. London/New York: Routledge., S. 207-22.

Northington Gamble, V. (1997): Under the Shadow of Tuskegee. Afro Americans and Health Care. In: *American Journal of Public Health* Vol. 87 (11), S. 1773-1778.

Novas, C. (2006): The Political Economy of Hope: Patients' organizations, Science and Biovalue. In: *BioSocieties* Vol. 1, S. 289-305.

Oakie, S. (2006): Access before Approval—A Right to Take Experimental Drugs? In: *New England Journal of Medicine* Vol. 355 (5), S. 437-40.

O'Brien, D. (2005): Storm Center. The Supreme Court in American Politics. W.W. Norton & Co.

O'Donnell, P. (2008a): It's Official: CT Directive Poses Problems. In: *Applied Clinical Trials online*. Vol. Jan 1, 2008.

O'Donnell, P. (2008b): Europe's Thirst for Trial Information. In: *Applied Clinical Trials online*. Vol. April 1, 2008.

O'Donnell, P. (2008c): EU Rolls Out New Medicines Initiative. In: *Applied Clinical Trials online*. Vol. May 1, 2008.

O'Donnell, P. (2007a): Europe is Disenchanted with Trials Directive. In: *Applied Clinical Trials online.* Vol. May 1, 2007

O'Donnell, P. (2007b): Clinical Trials Directive Hammered at EMEA Meeting in London. In: *Applied Clinical Trials online.* Vol. Oct 9, 2007.

O'Donnell, P. (2007c): Getting efficacy into European Trials. In: *Applied Clinical Trials online.* Vol. Nov 1, 2007.

Patsner, B. (2007): Dying Patients and Their „Right" to Unapproved Drugs: Did the D.C. Circuit Finally Get It Right in *Abigail Alliance*? (Online unter: www.law.uh.edu/healthlaw/perspectives/2007/(BP)%20Fatal%20ill.pdf, Zugriff 13. 06. 2008)

Paul, N. (2008): Klinische Ethikberatung: Therapieziele, Patientenwille und Entscheidungsprobleme in der modernen Medizin. In: Junginger, T. (Hrg): Grenzsituationen in der Intensivmedizin. Heidelberg: Springer Medizin, S. 207-17.

Petryna, A. (2009): When Experiments Travel. Clinical Trials and the Global Search for Human Subjects. Princeton University Press

Petryna, A. (2005): Ethical Variability: drug development and globalizing clinical trials. In: *American Ethnologist* Vol. 32 (2), S. 183-97.

Petryna, A. (2002). Life Exposed. Biological Citizens after Cernobyl. Prinston University Press.

Pethes, N. *et al.* (Hrg.): Menschenversuche. Eine Anthologie 1750-2000. Frankfurt a. M.: Suhrkamp.

PhRMA (2008): Pharmaceutical Research and Manufacturers of America, *Pharmaceutical Industry Profile 2008.* Washington, DC: PhRMA. (Online unter: http://www.phrma.org/profiles_%26_reports/, Zugriff: 8. 4. 2008)

PhRMA (2001): „Chapter 3: regulatory and legal aspects of drug development." In: Pharmaceutical Research and Manufacturers of America, *Pharmaceutical Industry Profile 2001.* Washington, DC: PhRMA. (Online unter: doug.kalish.com/regulation.pdf, Zugriff 8. 4. 2008)

Pollack, A. (2007): Court Rejects the Right to Use Drugs Being Tested. In: *The New York Times* (Online unter: http://www.nytimes.com/2007/08/08/health/08cancer.html?_r=1, Zugriff: 10. 6. 2008)

Prainsack, B. und Naue, U. (2006): Relocating health governance: personalized medicine in times of ‚global genes'. In: *Personalized Medicine* Vol. 3 (3): S. 349-55.

Public Citizen (2003): The Other Drug War 2003: Drug Companies Deploy an Army of 675 Lobbyists to Protect Profits. (Online unter: www.citizen.org/documents/other_drug_war2003.pdf, Zugriff: 29. 5. 2008)

Puttagunta, PS. et al. (2001): Conflict of Interest in Clinical Research: Direct Payment to the Investigators for Finding Human Subjects and Health Information. In: *Health Law Review* Vol. 10 (1), S. 30-32.

Rabinow, P. (2008): Afterword: Concept work. In: Gibbons and Novas (2008), *opt. cit.,* S. 188-92.

Rabinow, P. (2004): Anthropologie der Vernunft. Frankfurt a. M.: Suhrkamp.

Rabinow, P. und Rose, N. (2006): Biopower Today. In: *BioSocieties* Vol. 1 (2), S. 195-217.

Rascher, W. *et al.* (2006): Änderung der Arzneimittelgesetzgebung in Europa. Was hat sich geändert, was wird sich ändern? In: *Monatsschrift Kinderheilkunde* Vol. 154, S. 822-24.

Relman, A. und Angell M. (2002): America's Other Drug Problem. How the drug industry distorts medicine and politics. In: *The New Republic*, 16. 12. 2002., S. 27-41.

Roche Global Website (2009): Eight Major steps from idea to medicine (Online unter : http://www.roche.com/index.htm, Zugriff: 14. 07. 2009)

Roche (2007a): Wenn neue Wirkstoffe zeigen müssen, was sie können. (Online unter: http://www.roche.com/pages/facetten/18/entwickld.htm, Zugriff: 27.11.2007)

Roche (2007b): Die Geschichte der klinischen Tests und ihrer Regulierung. (Online unter: http://www.roche.com/pages/facetten/18/geschd.htm, Zugriff: 27.11.2007)

Roche (2007c): Die Pharmakogenetik eröffnet neue Horizonte für klinische Tests. (Online unter: http://www.roche.com/pages/facetten/18/pharmakogd.htm, Zugriff: 27.11.2007)

Roche (2007d): Die Rolle der Ethik bei klinischen Versuchen. (Online unter: http://www.roche.com/pages/facetten/18/ethikd.htm, Zugriff: 27.11.2007)

Rose, N. (2001): The Politics of Life itself. In: *Theory, Culture & Society.* Vol. 18 (6), S. 1-30.

Rose, N. und Novas, C. (2005): „Biological Citizenship." In: Ong/ Collier (Hrg.): *Global Assemblages. Technology, Politics, and Ethics as Anthropological Problems.* Blackwell Publishing. S. 439-463.

Rosenau, H. (2000): Legal Prerequisites for Clinical Trials under the Revised Declaration of Helsinki and the European Convention on Human Rights and Biomedicine. In: European Journal of Health Law Vol. 7, S. 105-121.

Sarasin, P. (2003): „Zweierlei Rassismus? Die Selektion des Fremden als Problem in Michel Foucaults Verbindung von Biopolitik und Rassismus." In: Stingelin, M. (Hrg.): Biopolitik und Rassismus. Frankfurt a, M.: Suhrkamp, S. 55-79.

Sass, HM. (2001): Brauchen wir neue klinisch-ethische Modelle in der medizinischen Forschung? In: *Wiener Klinische Wochenschrift* Vol. 113 (22), S. 863-66.

Scandlyn, J. (2000): When AIDS became a chronic disease. In: The *Western Journal of Medicine*, Vol. 172, S. 130-33.

Schröder, P. (2007): Public-Health-Ethik in Abgrenzung zur Medizinethik. In: *Bundesgesundheitsblatt Gesundheitsforschung Gesundheitsschutz* Vol. 50, S. 103-11.

Schuster, DP. und Powers, WJ. (2006): Translational and experimental clinical research. Philadelphia: Lippincott Williams & Wilkins.

Sharma, K. (2005): Can clinical trials ever be truly ethical? In: *The Hindu.* (Online unter: www.thehindu.com/2005/12/06/stories/2005120603081000.htm, Zugriff: 12. 2. 2008)

Singer, EA und Müllner, M. (2002): Implications of the EU directive on clinical trials for emergency medicine. In: *British Medical Journal* Vol. 324, S. 1169-70.

Smith, R. und Siplon, P. (2006): Drugs into Bodies: global AIDS treatment activism. London: Praeger.

Society for Clinical Trials Board of Directors (2006): The Society for Clinical Trials opposes US legislation to permit marketing of unproven medical therapies for seriously ill patients. In: *Clinical Trials* Vol. 3, S. 154–157.

Sunder Rajan, K. (2006): Biocapital. The Constitution of Postgenomic Life. Duke University Press.

Stapff, M. (2004): Arzneimittelstudien. Ein Handbuch zur Durchführung von klinischen Prüfungen. München/Wien/New York: W. Zuckschwerdt Verlag.

Stavrakakis, Y. (2005): Lacan and the Political. New York: Routledge.

Thacker, E. (2005): The Global Genome. Biotechnology, Politics, and Culture. Cambridge, Mass./London: MIT Press.

TIMES (1989): Guerrilla Drug Trials: The Underground Test Of Compound Q (Online unter: http://www.time.com/time/magazine/article/0,9171,958716,00.html, Zugriff: 21. 6. 2008)

Torfing, J. (1999): New Theories of discourse. Laclau, Mouffe, and Zizek. Oxford: Blackwell Publishers.

UN-GA (2008): Declaration of Commitment on HIV/AIDS and Political Declaration on HIV/AIDS: midway to the Millennium Development Goals. United Nations Report of the Sectretary-General. (Online unter: http://data.unaids.org/pub/Report/2008/20080429_sg_progress_report_en.pdf, Zugriff: 20. 6. 2008).

UNAIDS/ECA (2000): Aids in Africa. Country by country. (Online unter: data.unaids.org/Publications/IRC-pub05/AIDSAfrica2000_en.pdf, Zugriff: 3. 5. 2008)

Vollmann, J. (2006): Ethik in der klinischen Medizin. Bestandsaufnahme und Ausblick. In: *Ethik in der Medizin* Vol. 18, S. 348-52.

Wahlberg, A. und McGoey, L. (2007): An Elusive Evidence Base: The Construction and Governance of Randomized Controlled Trials. In: *BioSocieties* Vol. 2, S. 1-10.

Wahlberg, A und Streitfellner, T (i.E.): "Tourisme de cellules souches, désespoir et pouvoir des nouvelles thérapies" In: Leibing, A. und Tournay, V. (Hrg): Technologies de l'espoir. Les débats publics autour de l'innovation médicale - un objet anthropologique à définir. Laval, Qc: PUL.

Waldby, C. (2002): Stem cells, tissue cultures, and the production of biovalue. In: *Health* Vol. 6 (3), S. 305-323.

Waldby, C. (1996): AIDS and the Body Politic. Biomedicine and Sexual Difference. London and New York: Routledge.

Waldby, C. und Mitchell, R. (2006): Tissue Economies. Blood, Organs, and Cell Lines in Late Capitalism. Durham/London: Duke University Press.

Wall Street Journal (2005a): How about a ‚Kianna's Law'? (Ausgabe vom 24. 5. 2005, S. A14)

Wall Street Journal (2005b): Kianna's Legacy (Ausgabe vom 29. 5. 2005, S. A14)

Wall Street Journal (2005c): Kianna's Law (Ausgabe vom 15. 11. 2005, S. A22)

Watson, R. (2003): EU legislation threatens clinical trials. In: *British Medical Journal* Vol. 326, S. 1348.

Widmer, P. (2004): Subversion des Begehrens. Eine Einführung in Jacques Lacans Werk. Wien: Turia+Kant.

Yanow, D. (2007): „Interpretation in Policy Analysis. On Methods and Practie". In: *Critical Policy Analysis.* Vol. 1 (1), S. 109-21.

Zizek, S. (1991): The Sublime Object of Ideology. London: Verso.

Zizek, S. (1998): Jenseits der Diskursanalyse. In: Marchart, O. (Hrg.) (1998): Das Undarstellbare der Politik. Zur Hegemonietheorie Ernesto Laclaus. Wien: Turia+Kant., S. 123-31.

Rechtsquellen

ACCESS Act S 1951 (2005) (Access, Compassion, Care, Ethics for Seriously Ill patients). US-Congress, 109th Session.

Richtlinie 2001/20/EG des Europäischen Parlaments und des Rates zur Angleichung der Rechts- und Verwaltungsvorschriften der Mitgliedstaaten über die Anwendung der guten klinischen Praxis bei der Durchführung von klinischen Prüfungen mit Humanarzneimitteln. Amtsblatt der Europäischen Gemeinschaften L 121/34.

Richtlinie 2001/83/EG des Europäischen Parlaments und des Rates zur Schaffung eines Gemeinschaftskodex für Humanarzneimittel. Amtsblatt der Europäischen Gemeinschaften L 311/67.

Richtlinie 2003/94/EG der Kommission zur Festlegung der Grundsätze und Leitlinien der Guten Herstellungspraxis für Humanarzneimittel und zur Anwendung beim Menschen bestimmte Prüfpräparate. Amtsblatt der Europäischen Gemeinschaften L 262/22.

Richtlinie 2005/28/EG der Kommission zur Festlegung von Grundsätzen und ausführlichen Leitlinien der guten klinischen Praxis für zur Anwendung beim Menschen bestimmte Prüfpräparate sowie von Anforderungen für die Erteilung einer Genehmigung zur Herstellung oder Einfuhr solcher Produkte. Amtsblatt der Europäischen Gemeinschaften L 91/13.

Verordnung 226/2001 des Bundeskanzlers über die Einsetzung einer Bioethikkommission. Bundesgesetzblatt II 226/2001 (Österreich).

Politik und Demokratie
Reihe des Wiener Instituts für Politikwissenschaft

Herausgegeben von Helmut Kramer und Eva Kreisky

Band 1 Christiane Prorok: Ibrahim Rugovas Leadership. Eine Analyse der Politik des kosovarischen Präsidenten. 2004.

Band 2 Georg Bacher: Der Beitrag von Wahrheitskommissionen zur Friedenskonsolidierung und dauerhaften Versöhnung. Das Beispiel Südafrika. 2004.

Band 3 Gottfried Fritzl: Adolf Kozlik. Ein sozialistischer Ökonom, Emigrant und Rebell. Leben und Werk eines österreichischen Wissenschaftlers und Intellektuellen. 2004.

Band 4 Marion Knapp: Österreichische Kulturpolitik und das Bild der *Kulturnation*. Kontinuität und Diskontinuität in der Kulturpolitik des Bundes seit 1945. 2005.

Band 5 Georg Spitaler: *Authentischer* Sport – inszenierte Politik? Zum Verhältnis von Mediensport, Symbolischer Politik und Populismus in Österreich. 2005.

Band 6 Tamara Ehs: Helvetisches Europa – Europäische Schweiz. Der Beitrag der Schweiz an der europäischen Einigungsidee im Kontext schweizerischer Staats- und Nationswerdung. 2005.

Band 7 Philipp Kainz: Als Österreich isoliert war. Eine Untersuchung zum politischen Diskurs während der EU-14-Sanktionen. 2006.

Band 8 Simeón Renoldner: Regimebildung in der Landminenfrage und der Einfluss von Nichtregierungsorganisationen. Eine Untersuchung des Ottawa-Prozesses unter besonderer Berücksichtigung der Rolle Österreichs und Frankreichs. 2007.

Band 9 Angela Wieser: Ethnische Säuberungen und Völkermord. Die genozidale Absicht im Bosnienkrieg von 1992–1995. 2007.

Band 10 Silvia Nadjivan: Wohl geplante Spontaneität. Der Sturz des Milošević-Regimes als politisch inszenierte Massendemonstration in Serbien. 2008.

Band 11 Barbara Kraml: Gender Budgeting in Wien Meidling. Ein Weg zu mehr Geschlechtergerechtigkeit öffentlicher Haushalte? 2008.

Band 12 Katharina Ludwig: Citoyen Sans-Papiers. Irreguläre MigrantInnen als politische AkteurInnen in Frankreich. 2008.

Band 13 Sabine Lang: Die USA und der umfassende nukleare Teststopp-Vertrag. 2008.

Band 14 Nicole Kaspari: Gerhard Schröder – Political Leadership im Spannungsfeld zwischen Machtstreben und politischer Verantwortung. 2008.

Band 15 Cornelia Göls: Die politischen Parteien in der Ukraine. Eine Analyse ihrer Funktionsfähigkeit in Wahlen, Parlament, Regierung. 2008.

Band 16 Marcus Hölzl: Tibet – vom Imperium zur chinesischen Kolonie. Eine historische und gesellschaftstheoretische Analyse. 2009.

Band 17 Georg-Sebastian Holzer: Somaliland. Ein Beispiel für erfolgreiche Staatsbildung in Afrika. 2009.

Band 18 Vera Schwarz: Meine roten Großmütter. Politische Aktivität aus der KPÖ ausgetretener/ausgeschlossener Frauen. 2010.

Band 19 Christian Haddad: Zwischen Labor und Gesellschaft. Zur Biopolitik klinischer Forschung am Menschen. 2010.

www.peterlang.de